中国高铁轨道产业"走出去"
——基于专利路线图的发展策略研究

The "Going-Out" of China's High-Speed Rail Industry:
research on the development strategies based on patent roadmap

张 奔著

社会科学文献出版社
SOCIAL SCIENCES ACADEMIC PRESS (CHINA)

图书在版编目（CIP）数据

中国高铁轨道产业"走出去"：基于专利路线图的
发展策略研究／张奔著. －－北京：社会科学文献出版
社，2020.6

（中国社会科学博士后文库）

ISBN 978 - 7 - 5201 - 6270 - 8

Ⅰ.①中…　Ⅱ.①张…　Ⅲ.①高速铁路 - 铁路运输发
展 - 研究 - 中国　Ⅳ.①F532.3

中国版本图书馆 CIP 数据核字（2020）第 033136 号

·中国社会科学博士后文库·

中国高铁轨道产业"走出去"
　　——基于专利路线图的发展策略研究

著　　者／张　奔

出 版 人／谢寿光
责任编辑／隋嘉滨

出　　版／社会科学文献出版社·群学出版分社 （010）59366453
　　　　　　地址：北京市北三环中路甲 29 号院华龙大厦　邮编：100029
　　　　　　网址：www.ssap.com.cn
发　　行／市场营销中心 （010）59367081　59367083
印　　装／三河市龙林印务有限公司

规　　格／开 本：787mm × 1092mm　1/16
　　　　　　印 张：15.5　字 数：257 千字
版　　次／2020 年 6 月第 1 版　2020 年 6 月第 1 次印刷
书　　号／ISBN 978 - 7 - 5201 - 6270 - 8
定　　价／98.00 元

本书如有印装质量问题，请与读者服务中心（010 - 59367028）联系

第八批《中国社会科学博士后文库》编委会及编辑部成员名单

（一）编委会

主　　任：王京清

副主任：崔建民　马　援　俞家栋　夏文峰

秘书长：邱春雷

成　　员（按姓氏笔画排序）：

卜宪群	王立胜	王建朗	方　勇	史　丹
邢广程	朱恒鹏	刘丹青	刘跃进	孙壮志
李　平	李向阳	李新烽	杨世伟	杨伯江
吴白乙	何德旭	汪朝光	张车伟	张宇燕
张树华	张　翼	陈众议	陈星灿	陈　甦
武　力	郑筱筠	赵天晓	赵剑英	胡　滨
袁东振	黄　平	朝戈金	谢寿光	樊建新
潘家华	冀祥德	穆林霞	魏后凯	

（二）编辑部（按姓氏笔画排序）：

主　　任：崔建民

副主任：曲建君　李晓琳　陈　颖　薛万里

成　　员：

王　芳	王　琪	刘　杰	孙大伟	宋　娜
张　昊	苑淑娅	姚冬梅	梅　玫	黎　元

序　言

　　博士后制度在我国落地生根已逾30年，已经成为国家人才体系建设中的重要一环。30多年来，博士后制度对推动我国人事人才体制机制改革、促进科技创新和经济社会发展发挥了重要的作用，也培养了一批国家急需的高层次创新型人才。

　　自1986年1月开始招收第一名博士后研究人员起，截至目前，国家已累计招收14万余名博士后研究人员，已经出站的博士后大多成为各领域的科研骨干和学术带头人。这其中，已有50余位博士后当选两院院士；众多博士后入选各类人才计划，其中，国家百千万人才工程年入选率达34.36%，国家杰出青年科学基金入选率平均达21.04%，教育部"长江学者"入选率平均达10%左右。

　　2015年底，国务院办公厅出台《关于改革完善博士后制度的意见》，要求各地各部门各设站单位按照党中央、国务院决策部署，牢固树立并切实贯彻创新、协调、绿色、开放、共享的发展理念，深入实施创新驱动发展战略和人才优先发展战略，完善体制机制，健全服务体系，推动博士后事业科学发展。这为我国博士后事业的进一步发展指明了方向，也为哲学社会科学领域博士后工作提出了新的研究方向。

　　习近平总书记在2016年5月17日全国哲学社会科学工作座谈会上发表重要讲话指出：一个国家的发展水平，既取决于自然科学发展水平，也取决于哲学社会科学发展水平。一个没有发达的自然科学的国家不可能走在世界前列，一个没有繁荣的哲学社会科学的国家也不可能走在世界前列。坚持和发展中国特色社会主义，需要不断在实践和理论上进行探索、用发展着的理论指导发展着的实践。在这个过程中，哲学社会科学具有不可替代的重要地位，哲学社会科学工作者具有不可替代的重要作用。这是党和国家领导人对包括哲学社会科学博士后在内的所有哲学社会科学领域的研究者、工作者提出的殷切希望！

中国社会科学院是中央直属的国家哲学社会科学研究机构，在哲学社会科学博士后工作领域处于领军地位。为充分调动哲学社会科学博士后研究人员科研创新积极性，展示哲学社会科学领域博士后优秀成果，提高我国哲学社会科学发展整体水平，中国社会科学院和全国博士后管理委员会于2012年联合推出了《中国社会科学博士后文库》（以下简称《文库》），每年在全国范围内择优出版博士后成果。经过多年的发展，《文库》已经成为集中、系统、全面反映我国哲学社会科学博士后优秀成果的高端学术平台，学术影响力和社会影响力逐年提高。

下一步，做好哲学社会科学博士后工作，做好《文库》工作，要认真学习领会习近平总书记系列重要讲话精神，自觉肩负起新的时代使命，锐意创新、发奋进取。为此，需做到：

第一，始终坚持马克思主义的指导地位。哲学社会科学研究离不开正确的世界观、方法论的指导。习近平总书记深刻指出：坚持以马克思主义为指导，是当代中国哲学社会科学区别于其他哲学社会科学的根本标志，必须旗帜鲜明加以坚持。马克思主义揭示了事物的本质、内在联系及发展规律，是"伟大的认识工具"，是人们观察世界、分析问题的有力思想武器。马克思主义尽管诞生在一个半多世纪之前，但在当今时代，马克思主义与新的时代实践结合起来，愈来愈显示出更加强大的生命力。哲学社会科学博士后研究人员应该更加自觉坚持马克思主义在科研工作中的指导地位，继续推进马克思主义中国化、时代化、大众化，继续发展21世纪马克思主义、当代中国马克思主义。要继续把《文库》建设成为马克思主义中国化最新理论成果的宣传、展示、交流的平台，为中国特色社会主义建设提供强有力的理论支撑。

第二，逐步树立智库意识和品牌意识。哲学社会科学肩负着回答时代命题、规划未来道路的使命。当前中央对哲学社会科学愈发重视，尤其是提出要发挥哲学社会科学在治国理政、提高改革决策水平、推进国家治理体系和治理能力现代化中的作用。从2015年开始，中央已启动了国家高端智库的建设，这对哲学社会科学博士后工作提出了更高的针对性要求，也为哲学社会科学博士后研究提供了更为广阔的应用空间。《文库》依托中国社会科学院，面向全国哲学社会科学领域博士后科研流动站、工作站的博士后征集优秀成果，入选出版的著作也代表了哲学社会科学博士后最高的学术研究水平。因此，要善于把中国社会科学院服务党和国家决策的大智库功能与《文库》的小智库功能结合起来，进而以智库意识推动品牌意识建设，最终树立《文库》的智库意识和品牌意识。

第三，积极推动中国特色哲学社会科学学术体系和话语体系建设。改革开放30多年来，我国在经济建设、政治建设、文化建设、社会建设、生态文明建设和党的建设各个领域都取得了举世瞩目的成就，比历史上任何时期都更接近中华民族伟大复兴的目标。但正如习近平总书记所指出的那样：在解读中国实践、构建中国理论上，我们应该最有发言权，但实际上我国哲学社会科学在国际上的声音还比较小，还处于有理说不出、说了传不开的境地。这里问题的实质，就是中国特色、中国特质的哲学社会科学学术体系和话语体系的缺失和建设问题。具有中国特色、中国特质的学术体系和话语体系必然是由具有中国特色、中国特质的概念、范畴和学科等组成。这一切不是凭空想象得来的，而是在中国化的马克思主义指导下，在参考我们民族特质、历史智慧的基础上再创造出来的。在这一过程中，积极吸纳儒、释、道、墨、名、法、农、杂、兵等各家学说的精髓，无疑是保持中国特色、中国特质的重要保证。换言之，不能站在历史、文化虚无主义立场搞研究。要通过《文库》积极引导哲学社会科学博士后研究人员：一方面，要积极吸收古今中外各种学术资源，坚持古为今用、洋为中用。另一方面，要以中国自己的实践为研究定位，围绕中国自己的问题，坚持问题导向，努力探索具备中国特色、中国特质的概念、范畴与理论体系，在体现继承性和民族性，体现原创性和时代性，体现系统性和专业性方面，不断加强和深化中国特色学术体系和话语体系建设。

新形势下，我国哲学社会科学地位更加重要、任务更加繁重。衷心希望广大哲学社会科学博士后工作者和博士后们，以《文库》系列著作的出版为契机，以习近平总书记在全国哲学社会科学座谈会上的讲话为根本遵循，将自身的研究工作与时代的需求结合起来，将自身的研究工作与国家和人民的召唤结合起来，以深厚的学识修养赢得尊重，以高尚的人格魅力引领风气，在为祖国、为人民立德立功立言中，在实现中华民族伟大复兴中国梦征程中，成就自我、实现价值。

是为序。

中国社会科学院副院长
中国社会科学院博士后管理委员会主任
2016 年 12 月 1 日

摘　要

　　由于在自主创新方面所取得的一系列成果和突破，高速铁路的相关产品和技术已成为中国产业"走出去"的崭新名片，并逐渐成为新时代助推国家经济持续发展的重要动力之一。目前中国的高铁发展已经实现了全世界建设里程最长、服务客流最大、运行速度最快、轨道车辆投入最多、环境适应性最强等诸多目标。这也使中国高铁具备了在国际市场参与激烈竞争的底气和实力。但值得注意的是，知识产权问题是影响高铁产业在海外持续发展的重要因素，主要体现为中国高铁在"走出去"的过程中同时面临先发国家的"专利陷阱"和后发国家的"模仿风险"。

　　为解决上述问题，本书主要运用了专利路线图的相关理论及方法，并以中国高速铁路轨道技术及相关产业为例，按照"专利总体情况→竞争状态及态势→专利生命周期分析及导航→市场布局排序及选择"的总体思路展开研究。本书梳理和发展了专利路线图的相关理论，提出了产业总体发展、专利竞争状态和竞争态势、专利生命周期、市场布局等不同类型专利路线图的构建及应用方法。本书通过分析发现了中国高铁轨道相关产业所面临的潜在机会及风险。最后，结合中国高铁产业发展的实际情况，本书提出了产业相关的专利发展策略及"走出去"战略规划对策建议。本书的创新点主要包括以下几个。

　　（1）本书基于高铁产业总体专利路线图框架，选取了五个专利维度对高速铁路轨道技术领域专利信息展开了分析，并对比了中国及国外专利布局的总体发展情况。本书认为中国高铁产业目前在国际专利布局中与先发国家间仍存在明显差距，中国企业须加强海外专利战略规划。

（2）本书基于高铁产业专利竞争状态路线图和专利竞争态势路线图框架，对高铁轨道技术领域展开了专利地图和文本挖掘分析，分析了该技术领域中的竞争状态，对产业在未来发展阶段中的竞争态势的发展走向进行了分析。本书得出了国际高铁轨道技术领域中的竞争态势及中国企业对其的应对策略。

（3）本书基于高铁产业专利生命周期路线图，结合技术生命周期理论，分析了中国与国际高铁轨道产业总体专利布局的发展生命周期，同时就中国与国际优先发展的技术领域和重点关注的专利申请人选择展开了对比分析和评价，由分析结果得出了中国高铁轨道产业目前应当推进技术更新换代和扶持重点企业发展等结论。

（4）本书基于高铁产业市场布局专利路线图，设计了高铁市场潜力评价指标体系，根据该评价指标体系对"一带一路"沿线国家的高铁市场潜力做出了评价，并利用聚类分析和主成分分析对产业进入和市场布局策略选择进行了分析，由分析结果得出了中国高铁产业需要根据沿线国家市场发展情况分批次选择进入等结论。

关键词：专利路线图　技术路线图　高速铁路轨道　产业发展　"走出去"战略

Abstract

Through a series of achievements in independent innovation and breakthrough, the products and techniques of high-speed railway have become the new business card of Chinese industry " going-out " process, and gradually become one of the important power that boost the sustainable development of national economy in the new era. At present, the domestic high-speed railway development in China has achieved many goals such as the longest construction mileage, the largest passenger flow volume, the fastest running speed, the most railway vehicles in service and the greatest environmental adaptability. It also makes China's high-speed rail industry has the confidence and ability to engaged in the fierce competition in international market. But it is worth noting that the intellectual property problems is the key factor which influences the overseas sustainable development of high-speed railway industry, and it is mainly embodied that the China's high-speed railway industry is facing the " patent trap " of the first developed countries and the " imitation risk " of the late-start countries in the process of " going-out " .

To resolve the above realistic problem, this study mainly uses the related theory and method of patent roadmap, and conducts the study process based on the overall research framework including the overall patent development, competition condition and situation, patent life cycle analysis for patent navigation and market layout selection. Therefore, this article develops the patent roadmap theory, then it takes the Chinese high speed railway track (HSRT) technology as a case and puts forward different kinds of roadmapping and application methods which are about the overall industry patent roadmap, the patent competition condition roadmap, the patent competition situation roadmap, the industry patent life-cycle roadmap and the industrial market layout oriented patent roadmap. Through analysis it finds the potential opportunities and risks that the Chinese HSRT industry will meet. Finally, this article puts forward the strategy suggestions on the industry development and its "going out" process combining with the actual situation of China's HSRT industry. In this research, the main innovations include the following aspects.

(1) Based on the overall industry patent roadmap of the HSRT, five dimension of patent are selected and the patent information of the HSRT technology is analyzed. In addition, it is compared that the difference of the overall patent layout development between the China and the foreign. From the analysis results it draws conclusions that the status gap in the international patent layout is obvious and the Chinese enterprises need to strengthen the international patent strategy.

(2) Based on the patent competition condition roadmap and the patent competition situation roadmap, this study analyzes the HSRT technology by using patent map and text mining. Then in this technology field the patent competition condition and situation in the future industry development are analyzed, and it draws the conclusions on how will the worldwide HSRT industry competition develop and what measures can the Chinese enterprises takes.

(3) Based on the industry patent life-cycle roadmap, this study compares the difference of the HSRT technology development between the China and the foreign by combining with the technology life cycle theory. And the priority areas of technology and the key patent applicants in worldwide are also evaluated. From the analysis results it draws conclusions that the Chinese HSRT industry should promote technological upgrading and support the development of key enterprises.

（4） Based on the industrial market layout oriented patent roadmap, this study designs the evaluation index system of market development capacity. And according to the evaluation indexes, this study evaluates the market of the countries along the route of "the Belt and Road", then analyzes the election of industry enter and market layout by using the cluster analysis and principal component analysis method. From the analysis result, it draws conclusions that the Chinese HSRT industry needs to choose to enter in the countries along the routes according to their market development situation.

Keywords: Patent Roadmap; Technology Roadmap; High-Speed Railway Track; Industrial Development; "Going-Out" Strategy

目　录

第一章　引　言 …………………………………………………… 1

 第一节　研究背景及选题来源 …………………………………… 1

  一、研究背景 …………………………………………………… 1

  二、选题来源 …………………………………………………… 7

  三、研究目的及意义 …………………………………………… 8

 第二节　研究内容与方法 ………………………………………… 8

  一、主要研究问题 ……………………………………………… 8

  二、研究内容安排 ……………………………………………… 9

  三、研究方法 ………………………………………………… 10

  四、研究逻辑框架 …………………………………………… 11

 第三节　本研究的创新之处 …………………………………… 11

  一、产业总体专利竞争分析方法 …………………………… 12

  二、产业专利竞争状态及态势分析方法 …………………… 13

  三、产业专利生命周期分析方法 …………………………… 13

  四、产业市场布局与专利战略分析方法 …………………… 13

第二章　文献综述 ……………………………………………… 14

 第一节　文献计量与知识图谱分析 …………………………… 14

  一、技术路线图研究相关文献分析 ………………………… 15

  二、高铁产业研究相关文献分析 …………………………… 29

 第二节　技术路线图相关理论与方法 ………………………… 43

  一、技术路线图的发展 ……………………………………… 43

二、专利路线图的制作方法及应用 ……………………… 48

第三节 高铁产业发展及"走出去"相关研究 ………………… 51

一、高铁技术创新机制 ……………………………… 51

二、高铁专利发展态势 ……………………………… 53

三、高铁产业竞争策略 ……………………………… 54

第四节 现有研究述评 ………………………………… 56

一、技术路线图与专利路线图研究小结 ………………… 56

二、高铁产业研究小结 ……………………………… 58

三、研究联系与方向 ………………………………… 59

第三章 专利路线图构建及应用的理论基础 ……………… 60

第一节 专利路线图的概念界定 ……………………… 60

一、专利路线图的定义 ……………………………… 60

二、专利路线图的特征 ……………………………… 62

三、专利路线图的结构与功能 ……………………… 63

第二节 专利路线图的主要类型 ……………………… 64

一、根据构建方法划分 ……………………………… 64

二、根据使用主体划分 ……………………………… 65

三、根据应用目标划分 ……………………………… 66

四、根据应用范围划分 ……………………………… 66

第三节 专利路线图理论构建 ………………………… 67

一、专利布局与产业总体发展 ……………………… 67

二、竞争状态与竞争态势 …………………………… 68

三、专利导航下的技术创新指引 …………………… 69

四、对不同国家的出口和专利布局 ………………… 70

第四节 构建专利路线图的基本流程 ………………… 71

一、准备阶段 ………………………………………… 71

二、要素整理和分析阶段 …………………………… 71

三、绘图阶段 ………………………………………… 72

四、反馈与完善阶段 ………………………………… 73

本章小结 …………………………………………… 73

第四章　高速铁路轨道技术总体专利分析及策略思考 …………… 75

　第一节　专利预检索分析 ………………………………………… 75
　　一、分析目标 ………………………………………………… 75
　　二、数据来源与分析方法 …………………………………… 75
　　三、技术定义与检索策略 …………………………………… 79

　第二节　中国高速铁路轨道技术专利总体状况分析 …………… 80
　　一、总体发展态势分析 ……………………………………… 80
　　二、中国高速铁路轨道技术专利主要技术类别发展分析 …… 82
　　三、中国高速铁路轨道技术专利主要专利申请人发展分析 … 83
　　四、中国高速铁路轨道技术专利主要发明人团队发展分析 … 87
　　五、专利家族分布与法律状态分析 ………………………… 88

　第三节　高速铁路轨道技术国际专利总体状况分析 …………… 90
　　一、总体发展态势分析 ……………………………………… 90
　　二、国际高速铁路轨道技术专利主要技术类别发展分析 …… 92
　　三、国际专利主要专利申请人发展分析 …………………… 94
　　四、国际专利主要发明人团队发展分析 …………………… 96
　　五、国际专利家族分布与法律状态分析 …………………… 98

　第四节　高速铁路轨道产业总体专利路线图与发展对策 ……… 100
　　一、产业总体专利路线图构建框架 ………………………… 100
　　二、专利路线图分析 ………………………………………… 100
　　三、产业发展对策建议 ……………………………………… 101

　本章小结 …………………………………………………………… 104

第五章　高铁轨道产业专利竞争优势分析及策略思考 ………… 105

　第一节　产业发展中的竞争优势 ………………………………… 105
　　一、竞争优势导向 …………………………………………… 105
　　二、专利竞争状态和态势的形成 …………………………… 106

　第二节　研究方法与研究框架 …………………………………… 106
　　一、专利检索及专利数据整理 ……………………………… 106
　　二、专利信息分析 …………………………………………… 107

三、专利竞争状态分析 ·································· 108

四、专利竞争态势分析 ·································· 109

第三节 高铁轨道技术专利文本挖掘与竞争状态分析 ·········· 110

一、专利数据搜集和检索策略 ···························· 110

二、专利分析和关键词提取 ···························· 112

三、专利竞争状态分析 ·································· 117

第四节 高铁轨道技术专利竞争态势路线图 ·················· 121

一、专利竞争态势路线图构建框架 ······················ 121

二、专利竞争态势路线图分析 ·························· 122

三、竞争优势发展对策建议 ···························· 122

本章小结 ·· 125

第六章 高铁轨道产业专利生命周期分析及策略思考 ············ 126

第一节 技术生命周期理论 ······························ 126

第二节 数据来源与分析方法 ···························· 129

一、数据来源 ·· 129

二、主要分析模型比较 ·································· 129

第三节 基于逻辑斯蒂模型的 S 型曲线拟合分析 ············ 131

一、总体专利数量发展预测 ···························· 131

二、主要技术分支发展预测 ···························· 135

三、主要高速铁路轨道技术专利申请人发展预测 ·········· 139

第四节 高铁轨道技术专利生命周期路线图与发展对策 ········ 143

一、高铁轨道技术专利生命周期路线图构建框架 ·········· 143

二、专利路线图分析 ·································· 144

三、专利导航对策建议 ·································· 147

本章小结 ·· 148

**第七章 "一带一路"沿线国家高铁轨道技术市场
分析及策略思考** ································· 149

第一节 "一带一路"倡议与高铁"走出去" ·············· 149

一、"一带一路"内涵与发展模式 ······················ 149

　　　二、沿线国家基本情况 ·· 150

　　　三、高铁产业在"一带一路"中的意义及市场选择 ············ 150

　第二节　高速铁路轨道技术市场潜力评价体系 ················ 151

　　　一、指标选取原则 ··· 151

　　　二、评价指标体系构建 ·· 151

　　　三、数据来源与评价方法 ·· 153

　第三节　"一带一路"沿线国家高铁轨道技术市场潜力评价 ····· 155

　　　一、聚类分析 ·· 155

　　　二、主成分分析 ·· 158

　　　三、综合排序分析 ··· 162

　第四节　高铁轨道技术市场布局专利路线图构建 ············ 165

　　　一、市场布局专利路线图构建框架 ······························ 165

　　　二、专利路线图分析 ·· 165

　　　三、市场布局对策建议 ·· 166

　本章小结 ··· 168

第八章　结论与展望 ··· 170

　第一节　主要结论和建议 ··· 170

　第二节　研究不足之处 ··· 174

　第三节　下一步研究计划 ··· 175

附　录 ··· 177

　附录一　高铁轨道技术主要 IPC 分类号对照表 ············· 177

　附录二　主要德温特专利权人代码对照表 ····················· 182

　附录三　"一带一路"沿线国家代码对照表 ··················· 184

参考文献 ··· 186

索　引 ··· 200

Content

1 Introduction   / 1

   1. 1   Research Background and Topic Source   / 1

      1. 1. 1   Research Background   / 1

      1. 1. 2   Topic Source   / 7

      1. 1. 3   Research Purpose and Significance   / 8

   1. 2   Research Contents and Methods   / 8

      1. 2. 1   Main Research Questions   / 8

      1. 2. 2   Research Content Arrangement   / 9

      1. 2. 3   Research Methods   / 10

      1. 2. 4   Research Framework Diagram   / 11

   1. 3   Innovation of This Study   / 11

      1. 3. 1   Analysis Method of Overall Industrial Patent Competition   / 12

      1. 3. 2   Analysis Method of Industrial Patent Competitive

            Status and Situation   / 13

      1. 3. 3   Analysis Method of Industrial Patent Lifecycle   / 13

      1. 3. 4   Analysis Method of Industrial Market Layout and

            Patent Strategy   / 13

2 Literature Review   / 14

   2. 1   Literature Metrology and Knowledge Domain Analysis   / 14

      2. 1. 1   Analysis of Technology Roadmap Literature   / 15

      2. 1. 2   Analysis of Highspeed Industry Literature   / 29

   2. 2   Technology Roadmap Theory and Method   / 43

2. 2. 1   Development of Technology Roadmap   / 43

2. 2. 2   Roadmapping and Application of Patent Roadmap   / 48

2. 3   Highspeed Railway Development and "Go-out" Policy   / 51

2. 3. 1   Innovation Mechanism of High-speed Railway   / 51

2. 3. 2   Patent Development Situation of High-speed Railway   / 53

2. 3. 3   Industrial Competitive Strategy of High-speed Railway / 54

2. 4   Prior Research Review   / 56

2. 4. 1   Research Summary for the Literature of Technology
            Roadmap and Patent Roadmap   / 56

2. 4. 2   Research Summary for the Literature of High-speed
            Railway Industry   / 58

2. 4. 3   Research Connection and Direction   / 59

3   Theoretical Basis of Patent Roadmapping and Application   / 60

3. 1   Concept Definition for Patent Roadmap   / 60

3. 1. 1   Definition of Patent Roadmap   / 60

3. 1. 2   Characteristics of Patent Roadmap   / 62

3. 1. 3   Structure and Function of Patent Roadmap   / 63

3. 2   Main Types of Patent Roadmap   / 64

3. 2. 1   Classification by Roadmapping Method   / 64

3. 2. 2   Classification by Application Organization   / 65

3. 2. 3   Classification by Application Purpose   / 66

3. 2. 4   Classification by Application Scope   / 66

3. 3   Theory Construction for Patent Roadmap   / 67

3. 3. 1   Patent Layout and Overall Industry Development   / 67

3. 3. 2   Competitive Status and Situation   / 68

3. 3. 3   Technological Innovation Guidelines by Patent Navigation / 69

3. 3. 4   Export and Patent Layout   / 70

3. 4   Roadmapping Procedures   / 71

3. 4. 1   Preparatory Stage   / 71

3. 4. 2   Element Arrangement Stage   / 71

3. 4. 3   Roadmapping Stage   / 72

      3. 4. 4   Improvement Stage   / 73

   3. 5   Chapter Summary   / 73

4   Overall Industrial Patent Analysis and Strategic Thinking for the HSRT Industry   / 75

   4. 1   Patent Presearch Analysis   / 75

      4. 1. 1   Analysis Target   / 75

      4. 1. 2   Data Sources and Analysis Methods   / 75

      4. 1. 3   Technical Analysis and Retrieval Strategy Design   / 79

   4. 2   Chinese Patents Development Analysis of HSRT Technology   / 80

      4. 2. 1   Overall Development Trend   / 80

      4. 2. 2   Main Technology Categories   / 82

      4. 2. 3   Main Patent Applicants   / 83

      4. 2. 4   Main Inventor Teams   / 87

      4. 2. 5   Patent Family and Legal Status   / 88

   4. 3   International Patents Development Analysis of HSRT Technology   / 90

      4. 3. 1   Overall Development Trend   / 90

      4. 3. 2   Main Technology Categories   / 92

      4. 3. 3   Main Patent Applicants   / 94

      4. 3. 4   Main Inventor Teams   / 96

      4. 3. 5   Patent Family and Legal Status   / 98

   4. 4   Overall Industrial Patent Roadmap and Development   / 100

      4. 4. 1   Roadmapping Framework   / 100

      4. 4. 2   Analysis of Patent Roadmap   / 100

      4. 4. 3   Policy Suggestion for Industry Development   / 101

   4. 5   Chapter Summary   / 104

5   Competitive Advantage Analysis and Strategic Thinking for the HSRT Industry   / 105

   5. 1   Competitive Advantage in Industry Development   / 105

      5. 1. 1   Competitive Advantage Orientation   / 105

      5. 1. 2   Formation of Patent Competition Status and Situation   / 106

5. 2   Research Methods and Framework   / 106

   5. 2. 1   Patent Retrieval and Patent Data Collection   / 106

   5. 2. 2   Patent Information Analysis Steps   / 107

   5. 2. 3   Analysis Framework of Patent Competitive Status   / 108

   5. 2. 4   Analysis Framework of Patent Competitive Situation   / 109

5. 3   Patent Text Mining and Competitive Status Analysis for

HSRT Industry   / 110

   5. 3. 1   Patent Retrieval Strategy   / 110

   5. 3. 2   Patent Analysis and Keyword Extraction   / 112

   5. 3. 3   Patent Competitive Status Analysis   / 117

5. 4   Competitive Advantage-oriented Patent Roadmap of HSRT

Technology   / 121

   5. 4. 1   Roadmapping Framework   / 121

   5. 4. 2   Analysis of Patent Roadmap   / 122

   5. 4. 3   Policy Suggestion for Competitive Advantage Development   / 122

5. 5   Chapter Summary   / 125

6   Patent Lifecycle Analysis and Strategic Thinking for the

HSRT Industry   / 126

6. 1   Technology Lifecycle Theory   / 126

6. 2   Data Source and Analysis Method   / 129

   6. 2. 1   Data Source   / 129

   6. 2. 2   Comparison of Analytical Models   / 129

6. 3   S-curve Fitting Analysis based on Logistic Model of

HSRT Technology   / 131

   6. 3. 1   Overall Patent Development Forecast   / 131

   6. 3. 2   Major Technological Branches Development Forecast   / 135

   6. 3. 3   Major Patent Applicants Development Forecast   / 139

6. 4   Patent Lifecycle Roadmap and Development Strategy of

HSRT Technology   / 143

   6. 4. 1   Roadmapping Framework   / 143

   6. 4. 2   Analysis of Patent Roadmap   / 144

6. 4. 3　Policy Suggestion for Patent Navigation　/ 147

6. 5　Chapter Summary　/ 148

7　Market Analysis and Strategic Thinking for the HSRT
Industry in countries along "the Belt and Road" Routes　/ 149

7. 1　Initiative of "the Belt and Road" and High-speed Railway
Industry "Go-out" Policy　/ 149

7. 1. 1　Intension of "the Belt and Road" and Development
Patterns　/ 149

7. 1. 2　Basic Situation of Countries along the Routes　/ 150

7. 1. 3　Significance of High-speed Railway Industry in "the
Belt and Road" and Market Selection　/ 150

7. 2　Market Potential Evaluation Indicator System for
HSRT Industry　/ 151

7. 2. 1　Indicator Selection Principle　/ 151

7. 2. 2　Construction of Evaluation Indicator System　/ 151

7. 2. 3　Data Source and Evaluation Method　/ 153

7. 3　Market Potential Evaluation of HSRT Technology for the
Countries along the Routes　/ 155

7. 3. 1　Clustering Analysis　/ 155

7. 3. 2　Principal Component Analysis　/ 158

7. 3. 3　Comprehensive Sequencing Analysis　/ 162

7. 4　Market Layout-oriented Patent Roadmap of HSRT
Technology　/ 165

7. 4. 1　Roadmapping Framework　/ 165

7. 4. 2　Analysis of Patent Roadmap　/ 165

7. 4. 3　Market Layout and Policy Suggestion　/ 166

7. 5　Chapter Summary　/ 168

8　Conclusion and Prospect　/ 170

8. 1　Conclusions and Suggestions　/ 170

8. 2　Research Limitations　/ 174

8. 3   Further Research Plan   / 175

Appendix   / 177

   1   Comparison Table for the Main IPC Codes of
       High-speed Railway Track Technology   / 177
   2   Comparison Table for the Main Derwent Patentee Codes
                                                             / 182
   3   Comparison Table for the Codes of Countries along
       "the Belt and Road" Routes   / 184

Reference   / 186

Index   / 200

图目录

图 1 – 1　本研究逻辑框架 ……………………………………… 12

图 2 – 1　国外技术路线图研究领域相关文献时间分布 ……… 15

图 2 – 2　国外技术路线图研究领域核心文献引证关系 ……… 21

图 2 – 3　国外技术路线图研究领域关键词共现网络 ………… 22

图 2 – 4　国外技术路线图研究领域关键词共现时序分布网络 … 22

图 2 – 5　国外技术路线图研究领域关键词热度 ……………… 23

图 2 – 6　国内技术路线图研究领域相关文献发展趋势 ……… 24

图 2 – 7　国内技术路线图研究领域关键词聚类 ……………… 26

图 2 – 8　国内技术路线图研究领域关键词聚类时间线分析 … 27

图 2 – 9　国外高铁产业研究领域相关文献发展趋势 ………… 30

图 2 – 10　国外高铁产业研究领域重点文献引证关系 ……… 33

图 2 – 11　国外高铁产业研究领域关键词共现网络 ………… 34

图 2 – 12　国外高铁产业研究领域关键词共现时序分布网络 … 35

图 2 – 13　国外高铁产业研究领域关键词热度 ……………… 35

图 2 – 14　国内高铁产业研究领域相关文献发展趋势 ……… 36

图 2 – 15　国内高铁产业研究领域关键词聚类 ……………… 39

图 2 – 16　国内高铁产业研究领域关键词聚类时间线分析 … 41

图 4 – 1　中国高速铁路轨道技术专利申请发展趋势 ………… 81

图 4 – 2　中国高速铁路轨道技术公开专利发展趋势 ………… 82

图 4 – 3　中国高铁轨道技术专利前二十 IPC 分类分布（小类） ……… 83

图 4 – 4　中国高铁轨道技术专利前二十 IPC 分类分布（小组） ……… 84

图 4 – 5　中国高铁轨道技术专利主要 IPC 分类（小组）的申请趋势 ……… 84

图 4 – 6　中国高速铁路轨道技术前十专利申请人排名 ……… 85

图 4 - 7　中国高铁轨道技术前十专利申请人申请趋势 ················· 86

图 4 - 8　中国高铁轨道技术前十专利申请人 IPC 分类（小类）分布 ······· 86

图 4 - 9　前二十主要发明人排名 ··································· 87

图 4 - 10　中国高铁轨道技术前二十发明人 IPC 分类（小类）分布 ······ 88

图 4 - 11　中国高铁轨道技术专利对应专利家族分布 ·················· 89

图 4 - 12　中国高铁轨道技术专利法律状态 ························· 89

图 4 - 13　国际专利申请发展趋势 ································· 91

图 4 - 14　国际专利公开发展趋势 ································· 91

图 4 - 15　国际专利前二十 IPC 分类（小类）分布 ··············· 92

图 4 - 16　国际专利前二十 IPC 分类（小组）分布 ··············· 93

图 4 - 17　中国高速铁路轨道技术主要 IPC 分类（小组）的申请趋势 ····· 94

图 4 - 18　前十专利申请人排名 ··································· 95

图 4 - 19　前十专利申请人专利申请趋势 ························· 95

图 4 - 20　前十专利申请人 IPC 分类（小类）分布 ··············· 96

图 4 - 21　中国高铁轨道技术前十专利申请人专利家族分布 ············· 97

图 4 - 22　中国高铁轨道技术前二十发明人排名 ··················· 97

图 4 - 23　中国高铁轨道技术前二十发明人 IPC 分类（小类）分布 ······· 98

图 4 - 24　国际专利家族分布 ····································· 99

图 4 - 25　国际专利法律状态 ····································· 99

图 4 - 26　产业总体专利路线图构建示意图 ························ 101

图 4 - 27　高速铁路轨道技术产业总体专利路线图 ················· 102

图 5 - 1　专利竞争状态分析和竞争态势分析的流程 ················· 107

图 5 - 2　专利竞争状态路线图构建示意图 ························· 109

图 5 - 3　高速铁路轨道技术专利文本聚类 ························· 113

图 5 - 4　时间线模式下的高速铁路技术专利聚类发展趋势 ············· 115

图 5 - 5　时间区模式下的高速铁路轨道技术专利聚类发展趋势 ······· 116

图 5 - 6　高速铁路轨道技术专利竞争状态路线图 ··················· 119

图 5 - 7　专利竞争态势路线图构建框架 ··························· 121

图 5 - 8　高铁轨道产业专利竞争态势路线图 ····················· 123

图 6 - 1　技术生命周期示意图 ··································· 127

图 6 - 2　单一型与连续型 S 型曲线 ····························· 128

图 6 - 3　中国专利增长生命周期拟合图 ·············· 132

图 6 - 4　国际专利增长生命周期拟合图 ·············· 134

图 6 - 5　中国专利主要技术分支发展生命周期拟合图 ·········· 136

图 6 - 6　国际专利主要技术分支发展生命周期拟合图 ·········· 138

图 6 - 7　中国高铁轨道技术专利主要申请人发展生命
周期拟合图 ·························· 140

图 6 - 8　高铁轨道技术国际专利主要申请人发展生命
周期拟合图 ·························· 142

图 6 - 9　专利生命周期路线图构建框架 ·············· 143

图 6 - 10　高铁轨道产业国际专利生命周期路线图 ········· 145

图 6 - 11　高铁轨道产业中国专利生命周期路线图 ········· 146

图 7 - 1　聚类分析系统聚类冰状图 ·············· 156

图 7 - 2　聚类分析树状图 ···················· 157

图 7 - 3　各成分对应相关矩阵特征值分布 ············ 160

图 7 - 4　近期布局国家各准则层评价 ·············· 163

图 7 - 5　中长期布局国家各准则层评价 ············· 163

图 7 - 6　远期布局国家各准则层评价 ·············· 164

图 7 - 7　市场布局专利路线图构建框架 ············· 166

图 7 - 8　高铁产业市场布局专利路线图 ············· 167

表目录

表 2 – 1　HistCite 软件中的文献统计指标 ·········· 16

表 2 – 2　国外技术路线图研究领域主要作者分布 ·············· 17

表 2 – 3　国外技术路线图研究领域主要研究机构分布 ·········· 18

表 2 – 4　国外技术路线图研究领域主要学术期刊分布 ·········· 19

表 2 – 5　国内技术路线图研究领域主要作者分布 ·············· 24

表 2 – 6　国内技术路线图研究领域主要机构分布 ·············· 25

表 2 – 7　国内技术路线图研究领域主要学术期刊分布 ·········· 25

表 2 – 8　国外高铁产业研究领域主要作者分布 ················ 30

表 2 – 9　国外高铁产业研究领域主要机构分布 ················ 31

表 2 – 10　国外高铁产业研究领域主要学术期刊分布 ··········· 32

表 2 – 11　国内高铁产业研究领域主要作者分布 ··············· 37

表 2 – 12　国内高铁产业研究领域主要机构分布 ··············· 37

表 2 – 13　国内高铁产业研究领域主要学术期刊分布 ··········· 38

表 2 – 14　技术路线图相关研究比较 ······················· 56

表 2 – 15　高铁产业相关研究比较 ························· 58

表 4 – 1　主要专利数据库对比 ··························· 76

表 4 – 2　主要专利著录项目指标 ························· 76

表 4 – 3　OECD 专利分析指标 ··························· 77

表 5 – 1　专利检索策略和步骤 ·························· 111

表 6 – 1　常用的三种 S 型曲线模型 ····················· 129

表 6 – 2　中国高速铁路轨道技术专利增长拟合结果统计 ········ 132

表 6 – 3　高速铁路轨道技术国际专利增长拟合结果统计表 ········· 133

表 6 – 4 中国高速铁路轨道技术专利主要技术分支拟合参数
及周期点 ·· 135

表 6 – 5 中国高速铁路轨道技术专利主要技术分支拟合统计值 ······ 135

表 6 – 6 高速铁路轨道技术国际专利主要技术分支拟合参数
及周期点 ·· 137

表 6 – 7 高速铁路轨道技术国际专利主要技术分支拟合统计值 ······ 137

表 6 – 8 中国高速铁路轨道技术专利主要申请人拟合参数及
周期点 ·· 139

表 6 – 9 中国高速铁路轨道技术专利主要申请人拟合统计值 ········ 139

表 6 – 10 高铁轨道技术国际专利主要申请人拟合参数及周期点 ····· 141

表 6 – 11 高铁轨道技术国际专利主要申请人拟合统计值 ··········· 142

表 7 – 1 "一带一路"主要经济走廊及沿线国家 ················· 150

表 7 – 2 "一带一路"沿线国家市场潜力评价指标体系 ··········· 152

表 7 – 3 指标变量共同度 ···································· 158

表 7 – 4 各成分贡献率及累积贡献率 ·························· 159

表 7 – 5 主成分因子载荷矩阵 ································ 160

表 7 – 6 主成分评分系数矩阵 ································ 161

表 7 – 7 "一带一路"沿线国家高铁轨道技术市场综合评价排名 ····· 164

第一章 引言

第一节 研究背景及选题来源

一、研究背景

1. 现实背景

轨道交通装备产业特别是高铁产业在当前时代经济发展中是中国的重要基石产业。该产业在前人积极引进吸收国外技术的努力下得到迅猛发展，形成了一系列的自主创新成果并显示出巨大的市场潜力和高附加值。国民经济和社会发展"十三五"规划明确指出，在未来综合交通运输体系的现代化建设进程中，除了要大力发展城际、城市轨道交通网络之外，还应当加快推进高速铁路成网以实现横贯东西、纵贯南北、内畅外通的综合运输大通道的整体建设。① 作为综合交通运输体系的骨干和主要交通方式之一，铁路既是国民经济大动脉、关键基础设施和重大民生工程，也是中国未来经济新常态的一个重要发展方向，实现该产业的持续稳定发展对于中国国力发展及综合实力的增强都具有重要意义。对于中国铁路产业的未来，中国铁路总公司总经理特别顾问何华武院士认为，实现基础设施互联互通是带动"一带一路"建设的必要条件，也是构建人类命

---

① 《中国国民经济和社会发展第十三个五年规划纲要》（全文），2016 年 3 月 17 日，中国网：http://www.china.com.cn/lianghui/news/2016－03/17/content_ 38053101. htm，2017 年 3 月 29 日。

运共同体的重要物质基础。这也决定了中国铁路产业"走出去"是正当其时和大有可为的。[①] 由此可以看出，在推进"一带一路"建设等新的时代背景之下，中国铁路产业特别是高铁产业的发展应当具有国际视野并紧密结合国家需求。然而，在当前极速发展的黄金时期，中国高铁的"走出去"不仅面临着亟待解决的技术难题以及国际同领域企业的竞争，还不得不应对例如中美贸易摩擦的贸易壁垒和政治摩擦。为高铁产业制定完备的战略规划能够为中国高铁产业链走向全世界提供有力的支持和帮助。

经修订的《中长期铁路网规划（2016—2030）》对未来铁路网的建设规划做出了详细说明，预期到 2025 年国内铁路网的建设规模将达到 17.5 万千米以上，其中高速铁路在 3.8 万千米左右。这是中国在新时期建设"八纵八横"高速铁路网的宏伟蓝图。短期内的快速发展给中国高铁产业带来的问题就是，国内可用于修建高铁的土地是有限的，另外民众对于高铁的需求会趋于饱和，中国高铁的建设里程逐步走向上限。显然将发展目标停留于国内难以实现高铁产业的可持续发展。而对于许多其他国家而言，其本国的铁路系统仍处于较为落后的状态，引进高铁不仅能够实现其国内铁路系统的升级，还能够创造就业机会、带动经济发展。因此，中国高铁产业需要面向国际市场的发展规划。

对于高速铁路，国际铁路联盟（UIC）的定义较为复杂。它并不限定单一的某种类型的高速铁路线路，而是将其定义为与高速铁路相关的众多铁路系统所包含的一系列元素集合，包括基础设施（新线设计速度 250 千米/小时以上，提速线路速度 200 千米/小时至 220 千米/小时）、高速动车组和运营条件。[②] 中国对"高速铁路"的定义是，新建设计开行 250 千米/小时（含预留）及以上动车组列车，初期运营速度不小于 200 千米/小时的客运专线铁路。[③] 高速铁路的应用与发展势必给传统铁路行业带来巨大变革，促使国家铁路系统实现更新换代。在新时期的很长一段时间内，高速铁路将与普速铁路共存直至实现对其的完全替代。实现普速与高速铁路

---

① 《中国工程院副院长何华武：中国铁路"走出去"正当其时》，2018 年 12 月 14 日，中国科技网：http://www.stdaily.com/cxzg80/guonei/2018-12/14/content_739255.shtml。

② 罗远：《高速铁路建设项目质量管理绩效评价体系研究》，北京交通大学 2016 年硕士学位论文，第 63—64 页。

③ 国家铁路局：《中国高速铁路》，2018 年 1 月 6 日，http://www.nra.gov.cn/ztzl/hyjc/gstl_/。

的协调发展具有重要意义。"一带一路"倡议沿线国家的发展情况各不相同，而中国自身也正处于铁路系统升级的过程中，因此要保障不同代际的铁路技术发展能够满足沿线国家对铁路技术引进的不同需求，从而为"一带一路"沿线国际铁路通道的连接打好基础。[①]

在高速铁路产业链中，整个技术主体可以被细分为九大核心技术领域，即车体、受电弓、连接器、门窗、信号系统、转向架、制动装置、铁轨和座椅等。[②] 其中轨道技术作为核心技术之一，是高铁线路建设的首要环节，在整个产业链中具有举足轻重的地位。铁路轨道一般分为有砟轨道和无砟轨道两类，在高速铁路中通常使用的是后者，因为其具有结构稳定、维护成本低、寿命长等特征。

尽管高铁在国内已取得了一定的成功，但这种成功并不意味着在"走出去"过程中就能轻易地简单复制和再现。[③] 在世界各国轨道交通运输领域中，高速铁路相关的轨道交通装备产业的发展已有长远历史并具有不可忽视的国际市场地位。而随着经济全球化的进一步深化，传统轨道交通装备巨头经过兼并、合资等方式，最终形成了西门子－阿尔斯通集团、庞巴迪、川崎重工等几家跨国垄断寡头。[④] 这些轨道交通巨头公司是中国高铁"走出去"的主要竞争对手。中国高铁的"走出去"进程正在被同行业竞争对手所密切关注。就目前的海外项目成果而言，虽然中国的高铁产品在性价比上具有绝对优势，但整体落地的高铁建设项目并不多。自从"一带一路"倡议正式被提出以来，已经开工且真正采用中国标准和技术的海外高铁项目仅有中泰高铁项目和印度尼西亚雅万高铁项目，已完成的高铁项目如沙特麦麦高铁、土耳其伊安高铁以及已经开工的匈塞铁路采用的是国际通用标准或是欧盟标准。除此之外，还有一些高铁项目目前仍在洽谈中。[⑤] 因此，对于我国高铁产业而言，要在保持国内产业发展的同时实现整体产业的"走

① 《发展改革委印发〈中长期铁路网规划〉》，2016 年 7 月 20 日，中国政府网：http://www.gov.cn/xinwen/2016－07/20/content_5093165.htm，2017 年 11 月 21 日访问。
② 《史上最全高铁产业链全景图》，2017 年 7 月 14 日，新材料在线网：http://www.xincailiao.com/news/news_detail.aspx? id＝3789，2017 年 8 月 16 日访问。
③ 吕铁、黄阳华、贺俊：《高铁"走出去"战略与政策调整》，《中国发展观察》2017 年第 8 期。
④ 林莉、董美霞、葛继平：《中国轨道交通装备制造业发展战略研究》，经济科学出版社 2014 年版，第 249—267 页。
⑤ 《盘点中国海外高铁项目》，2016 年 8 月 23 日，和讯网：http://opinion.hexun.com/2016－08－23/185647771.html，2017 年 11 月 24 日。

出去", 需要认真考虑产业总体发展战略的规划和执行, 重点加强专利布局和技术标准建设, 以积极应对激烈的国际化竞争以及复杂国际环境所带来的挑战。

2. 理论背景

如何为高铁产业制定专利竞争规划并提供相应的决策参考是本书计划解决的现实问题。这一问题涉及产业组织战略管理的相关研究理论。这些相关理论具体如下。

(1) 创新理论

创新理论 (Innovation Theory) 首次由美国经济学家熊彼特提出, 他将创新定义为把资源按照多种特定方式进行组合并产生新价值的过程。[①] 按照这一定义, 创新是建立在物质基础上的一类过程。这和另一个概念"创造"有一定的区别, 主要体现在: 创造指的是"从无到有", 可以指代一类过去没有而现在有的事物; 而创新的概念范围更广, 既可以包括创造这一概念, 也可以指代在已有事物上通过变换等手段产生新事物的过程。创新理论在工业经济领域中得到了新的发展。新产品和新的生产技术是工业创新的产物, 而市场则是这一过程背后的推手, 对新产品和新技术的迫切需求能够大大加速创新的过程。[②] 美国管理学家德鲁克指出, 技术的系统性变革会促进技术进步速度的提升和技术传播的效果, 最终大大提高产业的生产力。[③] 越来越多的学者注意到创新对于社会发展所带来的重要影响, 并通过他们的研究促使政府在制定规划与政策的过程中考虑科技创新方面的内容。

(2) 竞争优势理论

竞争优势理论起源于古典经济学。亚当·斯密的绝对优势理论认为, 劳动成本的差异使得成本低的国家在国际贸易中具有优势。[④] 在其基础上, 英国古典经济学家大卫·李嘉图进一步提出了比较优势贸易理论, 认为

---

① 〔美〕约瑟夫·熊彼特:《经济发展理论》, 郭武军、吕阳译, 华夏出版社 2015 年版。

② 〔英〕克里斯·弗里曼、罗克·苏特:《工业创新经济学》, 华宏勋、华宏慈等译, 北京大学出版社 2004 年版, 第 254—255 页。

③ 〔美〕德鲁克:《变革中的管理——社会生态学视角话管理》, 张旭东译, 华夏出版社 2011 年版, 第 99—110 页。

④ 〔英〕亚当·斯密:《国富论》, 张兴、田要武、龚双红编译, 北京出版社 2007 年版, 第 123—124 页。

一个国家在国际贸易中应专业化生产和出口其具有更大优势和更小劣势的商品。① 后来克鲁格曼在其研究中提出了规模经济贸易理论，认为生产规模扩大时，单位产品成本的递减产生了成本优势，由此导致了专业化出口并促进了国际贸易。② 1919 年瑞典经济学家赫克舍尔和其学生俄林提出了"资源要素禀赋说"，又称"H－O模型"。该理论假设只有劳动力和资本作为生产要素，一个国家在国际贸易中会主要出口利用其相对充裕和便宜生产要素的商品，而进口其相对缺乏和昂贵生产要素的商品。③ 这些理论之后被应用在跨国公司研究中。海默、金德贝格等人提出了垄断优势理论，提出跨国公司在海外投资具有垄断优势。巴克莱、卡森、拉格曼等人提出了跨国公司的一般理论即内部化理论，解释了为什么和在何种情形下，在国外投资是一种比出口产品和转让许可证更为有利的经营方式。波特在已有理论的基础上，进一步发展了产业竞争优势理论。他在《竞争战略》中提出了的竞争力分析"五力模型"，即五种力量通过影响价格、成本和投资来决定产业的营利能力。他在《竞争优势》中阐述了企业可以选择和推行三种基本战略以创造和保持竞争优势的方法，并建立了"价值链分析模型"。他在《国家竞争优势》中认为国家应当创造良好的经营环境和支持性制度，以确保投入要素高效使用和更新换代，并建立了"钻石理论模型"。

（3）生命周期管理理论

生命周期管理理论来源于生态学概念，反映的是某个生命体从产生到被淘汰的整个过程。目前对"生命周期管理"并没有统一的概念，但这一观念却早已体现在多个领域中，如企业生命周期、产品生命周期以及技术生命周期等。企业生命周期的概念最早由美国管理学家爱迪思于1989年提出。在标准的生命周期分析中，整个周期过程被分解为萌芽、成长、成熟、衰退、消亡等几个阶段。④ 特别是在国际贸易和区域经济中，由于技术发展存在差异，各国或各个企业在国际市场中所表现出的竞争优势也

---

① 〔英〕大卫·李嘉图：《政治经济学及赋税原理》，郭大力、王亚南译，北京联合出版公司 2013 年版，第 150—155 页。

② 〔以〕赫尔普曼、〔美〕克鲁格曼：《市场结构和对外贸易》，尹翔硕、尹翔康译，上海人民出版社 2009 年版，第 37—38 页。

③ 〔瑞典〕伯特尔·俄林编著《区际贸易与国际贸易》，逯宇译，华夏出版社 2008 年版，第 3—22 页。

④ 〔美〕伊查克·爱迪思：《企业生命周期》，赵睿译，华夏出版社 2004 年版。

各不一样。[①] 实践中生命周期管理已形成了一套机制，包括生命周期的评价、解释、应用等。[②] 例如在环境管理领域，国际标准化组织于 1993 年 6 月成立了负责环境管理的技术委员会 TC207。该委员会负责制订生命周期评价标准，先后发布了一系列的环境生命周期管理标准，包括原则和框架、目的和范围、生命周期清单、影响评价、评价解释、应用实例等。生命周期分析主要有两种方法：一是根据既定模式来分析发展过程，如企业发展、产品销售、技术研发等生命周期的分析等；二是观察时间演变中出现的特定情况，如需求生命周期分析。

（4）战略路线图相关理论

产业的发展离不开切实有效的理论工具支撑，为了快速将战略分析应用于决策，一些研究机构和学者开始尝试用路线图的方式来解构战略问题，因而形成了相应的战略路线图，而在科技创新政策领域使用得最多的则是技术路线图和专利路线图。早在 20 世纪 70 年代，美国的汽车产业开始流行使用技术路线图（Technology Roadmap，TRM）并将其应用到汽车产品辅助设计和研发管理活动中，以应对日本、欧洲快速发展的汽车产业的竞争。[③] 1987 年，Willyard 和 McClees 共同发表的文章详细介绍了摩托罗拉公司内部对于技术路线图的运用以及具体操作流程，使得业界对于技术路线图开始有了系统和深入的了解，从而为技术路线图之后的相关研究发展做出了铺垫。[④] 后来摩托罗拉的成功证明了，在企业中应用技术路线图能够帮助企业实现技术演进的加速、准确定位技术发展方向以及全面挖掘客户潜在需求。这些重要功能最终帮助摩托罗拉有效地达到了降低各种成本、提升行业竞争优势、扩大市场份额以及指引企业发展战略等多方面目标。[⑤] 摩托罗拉应用技术路线图的成功案例不仅引起了同行业各个企业的注意和效仿，而且随着经济和技术发展，技术路线图的相关理论和方法被引入许多新兴行业中，最终帮助这些产业实现了快速发展。国内方面广

---

① 经济合作与发展组织编《生命周期管理和贸易》，孙启宏等译，中国环境科学出版社 1996 年版。

② 〔美〕迈克尔·格里夫斯：《产品生命周期管理》，褚学宁译，中国财政经济出版社 2007 年版。

③ Probert D, Radnor M, "Frontier Experiences from Industry-Academia Consortia", *Research Technology Management.* Vol. 46, No. 2, 2003, p. 27.

④ Willyard C H and Mcclees C W, "Motorola's Technology Roadmap Process", *Research Management*, Vol. 30, No. 5, 1987, pp. 13 – 19.

⑤ 孟海华：《产业技术路线图研究》，中国科学技术大学 2009 年博士学位论文，第 5—6 页。

东省也注意到了技术路线图的应用发展趋势并大力加强这方面的应用。如，广东省制定了《广东省 LED 产业发展技术路线图》《广东省卫星导航产业技术路线图》等，以增强创新网络构建、与产学研协同创新并推动优势传统产业升级和战略性新兴产业的培育。[①] 此外，广东省还注意将技术路线图与产业政策紧密结合，从而创新性地提出了对产业技术路线图的应用。例如，《广东省增材制造（3D 打印）产业技术路线图》就是在贯彻落实广东省委、省政府《关于全面深化科技体制改革 加快创新驱动发展的决定》以及《加快广东省 3D 打印技术和应用产业发展实施方案》等政策的情境下产生的；该路线图帮助广东省 3D 打印行业取得了一系列重大成果，如突破关键技术瓶颈、开发出重大产品系列和装备、建成大批创新公共服务平台、组建了众多产业技术联盟等。[②]

但随着新兴产业更加快速的发展，技术路线图的应用显现出一些不足。一般而言，技术路线图的制作通常围绕专家意见而展开，存在着较多的主观性和不确定性。为解决这些不足，在技术路线图的基础上，结合专利信息挖掘和分析技术，专利路线图的概念和方法得以产生。专利路线图的许多概念都是基于技术路线图的相关理论和方法发展而来的，由于发展时间较短目前还没有被产业界所了解，仍停留在理论阶段而缺乏实践应用。2015 年韩国学者 Jeong 和 Yoon 提出了一种预测专利发展和规划专利战略的专利路线图构建方法；但这一专利路线图在许多方面仍存在着局限性，无法在产业中直接得到应用。[③]

二、选题来源

本研究得到了国家自然科学基金项目"引导技术创新的专利信息挖掘与分析技术研究"（编号：71072033）、国家社会科学基金项目"基于专利视角的面向企业技术创新风险管理的竞争情报预警研究"（编号：

[①] 曾路、汤勇力、李从东：《产业技术路线图探索战略性新兴产业培育路径》，科学出版社 2014 年版，第 2 页。

[②] 杨永强、宋长辉：《广东省增材制造（3D 打印）产业技术路线图》，华南理工大学出版社 2017 年版，第 10 页。

[③] Jeong, Y. and Yoon, B., "Development of Patent Roadmap Based on Technology Roadmap by Analyzing Patterns of Patent Development", *Technovation*, Vol. 39–40, 2015, pp. 37–52.

15BTQ047）、科技部委托项目"促进中美 CERC 创新合作及知识产权许可应用研究"、云南省科学技术院余翔院士工作站合作项目"稀贵金属材料领域知识产权研究咨询服务"、国家知识产权局委托项目"国家知识产权战略纲要实施十年评估知识产权国际合作专项评估"、2018 年中国科学技术信息研究所—科睿唯安科学计量学联合实验室开放基金等资助。

三、研究目的及意义

本书旨在运用专利路线图的理论和方法为中国高速铁路轨道技术相关产业的"走出去"战略提供战略规划支撑和对策建议，此外为产业的主管部门制定产业发展规划及政策、确定重大科技项目的优先发展顺序提供决策依据，以及为产业中主要企业管理者制定企业发展规划、开展合作研发活动、优化配置研发投入资源提供支撑。高速铁路轨道技术相关产业发展的研究方法与结论，也可作为高铁产业其他技术领域制定专利路线图的参考。

本书重点围绕中国高铁产业"走出去"相关专利战略问题展开。此外，不仅仅是对于高铁产业，本书所提出的理论与实践问题同样可以作为其他新兴产业研究的参考，对实际的产业发展具有重要的理论意义和实践意义。随着新兴产业的快速发展，把握准确的发展方向、制定完善的行动方案并有效实施，是确保产业持久稳定发展的精益管理之道。从市场需求和产业发展目标出发，专利路线图的构建和应用能够快速而有效地整合各方面信息，科学而精确地总结出产业战略发展方向。本研究所产生的成果，一方面能够充实和完善专利路线图的理论体系框架，为下一步的研究奠定基础；另一方面能帮助产业界寻找发展方向，并为实现合理决策提供依据，具有较强的现实意义。

第二节　研究内容与方法

一、主要研究问题

结合上述选题背景分析，本书提出以下几个研究问题。①国际范围内高铁轨道技术的专利布局情况如何，中国高铁在其中占据了何种地位。②在近期高铁轨道技术领域内的竞争情况如何，中国高铁产业如何在其中获得竞争优势并占据有利地位。③高铁轨道技术领域的发展潜力如何，应如何识别技术发展方向以实现对产业发展的专利导航。④中国高铁产业在与"一带一路"沿线国家合作的过程中面临哪些风险，需要采取何种策略实现共赢发展的倡议目标。

针对这些研究问题，本书从高铁产业中选取高铁轨道技术领域作为典型案例展开研究，旨在完成以下研究内容以实现对问题的解决。①专利路线图的概念、内涵和定义，②高速铁路轨道技术领域内国内外总体专利发展情况对比及相应专利路线图构建，③高速铁路轨道技术领域内的专利权人竞争态势发展分析及相应专利路线图构建，④高速铁路轨道技术领域内的专利增长预测分析及相应专利路线图构建，⑤高速铁路轨道技术相关产业进入"一带一路"沿线国家市场的选择决策及相应专利路线图构建，⑥专利路线图在高铁产业中的应用方法与流程。

二、研究内容安排

本书主要研究中国高速铁路轨道技术的相关产业专利路线图。全书共包括八章，各章主要内容如下。

第一章主要阐述本书的研究背景、目的、意义以及要解决的研究问题，概括说明了在研究过程中所依据的研究思路和所运用的方法，并指出本书主要的研究内容框架及创新之处。

第二章围绕本书所提出的研究问题展开文献综述，结合中国高速铁路项目"走出去"的战略目标，主要从专利路线图和技术路线图的构建方法、高速铁路轨道产业研究等几个方面展开，并分别就国内外的研究进展进行对比。

第三章在文献综述的基础上，介绍专利路线图的概念、定义、类型、构建方法和在实践中的应用，结合产业发展研究的特点，归纳出产业专利路线图的主要特征、构建流程和应用方向，并为后面章节中的路线图构建奠定基础。

第四章针对高速铁路轨道这一技术领域展开全球范围的专利检索和分析，选择了总体发展态势、专利的关键技术类别、重要专利申请人、主要发明人团队、专利家族分布以及专利法律状态等维度，分别就中国及国外的专利布局展开分析，并在专利信息分析结果的基础上构建高速铁路轨道技术的产业总体专利路线图。

第五章基于专利路线图的相关理论和方法提出并构建用于专利竞争态势分析的专利竞争态势路线图，在运用德温特专利数据库及 CiteSpace 软件的基础上获取专利路线图的构建要素，针对高速铁路轨道技术构建相应的专利竞争态势路线图，并详细介绍了具体的构建和应用方法。

第六章在分析专利总体发展现状和预见竞争态势的基础上深入探讨专利信息对中国高速铁路轨道技术相关产业 "走出去" 的导航作用，并结合技术生命周期理论对高速铁路轨道技术的创新发展展开预测分析，从而将其应用到国内相关产业的海外专利布局导航中，最终构建出高铁产业专利生命周期路线图。

第七章主要是在专利总体发展态势和竞争态势的分析结果基础上深入探索专利信息如何服务于高速铁路轨道技术的市场战略规划，通过聚类分析和主成分分析，并结合主要国家和地区的经济发展、人口、科技、知识产权保护、铁路轨道交通等发展情况，确定 "一带一路" 沿线国家市场的优先发展顺序，并构建出高铁产业市场布局专利路线图。

第八章总结第三章到第七章中各专利路线图的具体构建流程、方法，以及在高速铁路轨道技术领域中的实际应用，梳理全书以提炼出主要的研究结论，并从中扩展分析得出可以供其他产业参考的经验与建议。最后总结出研究中所存在的不足，为未来研究提出进一步的思路和方向。

三、研究方法

本书通过理论构建、文献整理、数据检索及挖掘、可视化分析等方法，按照 "专利总体情况→竞争状态及态势→专利生命周期分析及导航→市场布局排序及选择" 的总体思路，应用专利路线图对中国高速铁路轨道产业在 "走出去" 过程中的相关问题展开研究，并最终服务于相关产业的整体战略规划。具体而言，本书所采用的研究方法如下。

1. 文献研究与情报分析相结合

通过检索和搜集国内外的相关期刊论文、著作、研究报告及其他互联网资源等资料，运用情报学的相关方法梳理研究热点，寻找潜在的理论、方法、应用等方面的创新方向，并使用可视化的方法加以展现。

2. 定性分析与定量分析相结合

结合文献研究与情报分析，本书提出专利路线图的相关理论框架，并在高铁产业相关数据的基础上运用数学及理论模型展开定性和定量的分析。

3. 理论构建与实践应用相结合

通过搜集和整理大量的相关文献，总结传统技术路线图理论的发展与不足，并在此基础上尝试构建产业专利路线图理论。该理论的构建除了吸收产业发展、竞争优势、生命周期等理论外，还注重坚持实际问题导向，从实际情况出发并最终与实际应用需求相结合，从而形成具有实践指导意义的理论基础。

4. 理论研究与实证研究相结合

在构建产业专利路线图理论的基础上，将专利路线图设计作为研究产业发展战略规划的重要方法，并以中国高速铁路轨道相关产业作为研究对象，研究了专利路线图的设计流程以及在产业"走出去"战略规划中的具体应用。

四、研究逻辑框架

本研究的逻辑框架如图 1-1 所示。

第三节 本研究的创新之处

将专利信息应用于产业组织竞争战略，在过去数十年中一直是受关注的主要理论问题之一，而路线图式战略工具在研发合作导航、风险预警等技术管理实践领域应用得极为广泛。在国内外相关文献的基础上，本书在专利路线图的理论方法与应用上取得了一定程度的进展，尤其是在不同类别应用情境下结合创新理论、竞争优势理论、生命周期管理理论等提出了相应的专利路线图设计方案，同时运用高铁产业相应专利信息展示了这些

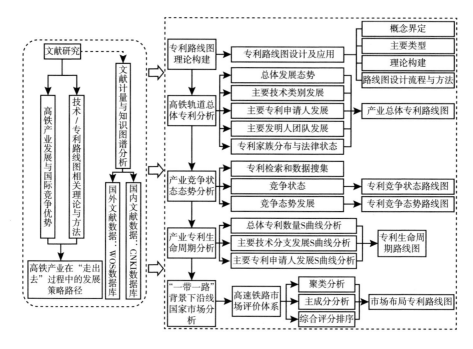

图 1 - 1　本研究逻辑框架

专利路线图的构建及应用案例。本书所形成的这些成果预期能够在产业组织、竞争情报、国际科技合作等方面发挥一定的推动作用。具体而言，本书的主要创新点如下。

一、产业总体专利竞争分析方法

现有研究中对于产业层面的专利分析大多仅是从各个维度独立进行的，而没有深入探讨各个维度之间的联系。根据创新理论和竞争优势理论，本研究围绕产业总体专利布局提出了构建产业总体专利路线图框架的分析方法，利用这一框架从产业宏观层面展示和解构国内外产业专利布局的发展情况。基于所形成的高铁产业总体专利路线图，本书选取了五个专利分析维度对高速铁路轨道技术领域专利信息展开了分析，并对比了中国及国外专利布局的总体发展情况，最后得出了中国高铁轨道产业目前在国际专利布局中的地位等结论。

二、产业专利竞争状态及态势分析方法

现有研究中对于产业竞争状态与竞争态势的分析不多。根据竞争优势理论，本书提出了构建产业专利竞争状态路线图和专利态势路线图相应框架的分析方法，进一步地基于所形成的高铁产业专利竞争状态路线图和高铁专利态势路线图，对高铁轨道技术领域专利信息展开了专利地图和文本挖掘分析，然后从分析结果中对该技术领域中的竞争状态进行解读，最后对产业在未来发展阶段中的竞争态势的发展走向做出了预测，并由分析结果得出了国际高铁轨道技术领域中的竞争态势发展等结论。

三、产业专利生命周期分析方法

现有研究中对于产业专利生命周期的分析同样不多，主要困难在于相关概念缺乏明确的界定。根据生命周期管理理论，本书提出了构建产业专利生命周期路线图框架的分析方法，进一步地基于所形成的高铁产业专利生命周期路线图，结合技术生命周期理论首先分析了中国与国际高铁产业总体专利布局的发展生命周期，然后就中国与国际优先发展的技术领域和重点突出的专利申请人选择分别展开了相应的生命周期分析和评价，由分析结果得出了中国高铁产业目前应当推进技术更新换代和扶持重点企业发展等结论。

四、产业市场布局与专利战略分析方法

现有的专利信息研究中往往忽视了市场对于专利战略的引导作用，而开展相应研究的困难在于如何将专利信息与市场信息进行有机结合。根据创新理论和竞争优势理论，本书提出了构建产业市场布局专利路线图框架的分析方法，进一步地基于所形成的高铁产业市场布局专利路线图，按照高铁市场发展潜力的评价指标体系对"一带一路"沿线国家的高铁市场潜力分别做出评分，并基于聚类分析和主成分分析对产业进入和市场布局选择的类别和优先级进行了分析，由最后的分析结果得出了中国高铁产业在"走出去"过程中应根据沿线国家市场情况分批次选择进入等结论。

第二章 文献综述

开展本研究需要充分掌握国内外相关研究所关注的研究热点，并对学科发展前沿展开预见分析。为了全面展示与本书相关研究的具体情况，本章先围绕"技术路线图""高铁产业发展""专利路线图"等特定研究领域进行文献计量与知识图谱分析，以探索这些研究领域相互之间的差异与联系；然后从分析结果中了解国内外的研究进展、研究问题和方法的分布、现有文献中的不足和待改进的地方，从而能够更有效地开展后面的相应研究。

第一节　文献计量与知识图谱分析

文献计量分析与知识图谱方法都是情报学中常用的研究方法，其中前者主要是用来研究科学文献的增长和分布，而后者则是用可视化方式直观展现科学发展规律并帮助对学科发展动态进行判断和预测。[①] 本节拟利用这两种方法，从 Web of Science、中国知网等文献数据库中搜集相关文献数据，并在文献统计指标的基础上运用十分成熟的知识可视化软件 HistCite、VOSviewer、CiteSpace 等展开知识图谱分析。在研究过程中进行文献计量与知识图谱的分析主要是为了了解以下几个方面的研究情况。①国内外"技术路线图"与"高铁产业发展"的相关研

---

① 郭宇、王晰巍、贺伟、杨梦晴：《基于文献计量和知识图谱可视化方法的国内外低碳技术发展动态研究》，《情报科学》2015 年第 4 期。

究发展状态如何。②是否有"专利路线图"的相关研究产生，目前已发展到何种程度。③近几年上述研究领域所关注的研究热点是什么。④从分析结果中可以预见到的相关研究的发展趋势如何。⑤中国在上述研究领域中所呈现的发展脉络及关注点和国际相比有何区别。

通过利用情报学研究方法回答上述问题，除了拓展文献计量与知识图谱分析方法在学科发展前沿中的应用外，预期还能够有效地识别中国高铁产业发展的障碍，推动其"走出去"的国际化进程并提升参与国际竞争的能力，最终形成中国高铁产业发展路径规划的对策建议。

一、技术路线图研究相关文献分析

1. 国外研究文献计量分析

为客观地反映国外机构在技术路线图领域的研究现状，本书选取国外研究论文作为样本进行文献统计和分析。在文献数据获取方面，本书选取了 Web of Science 作为数据获取的主要来源，并将"Technology Roadmap"和"Patent Roadmap"作为主题词进行检索，并限定了相关学科以精炼检索结果。检索时间为 2017 年 11 月 30 日。最终检索到了与"技术路线图"主题相关的文献 1006 篇。国外相关研究论文在 1997—2017 年的时间分布情况如图 2 - 1 所示。

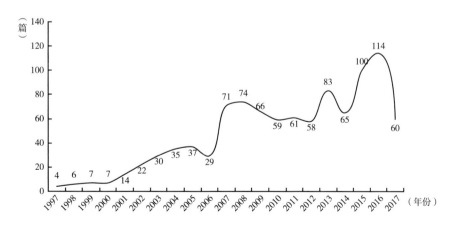

图 2 - 1　国外技术路线图研究领域相关文献时间分布

从图 2 - 1 中可以看到，国外研究在 1997—2000 年相关成果并不多，但在 2001—2005 年、2006—2007 年、2012—2013 年、2014—2016 年等期间有数量上的增长。2017 年数据下降的主要原因在于该年相关成果未能完全公开，因此相应的数据收集不全。总体而言，近几年国外在该研究领域的成果数量有逐步上升的趋势。由此可以看出，技术路线图相关研究受到了越来越多的关注。

从文献的增长可以得出某个研究领域发展情况等结论，但进一步分析研究领域中的文献规律，则需要应用相应的文献统计指标。以往评价文献所使用的指标是该文献被其他文献的引用次数，但这一指标所能反映的信息较为有限。HistCite 软件是专门应用于科睿唯安文献数据分析的可视化工具，能够从多个维度来展开文献统计分析。[①] HistCite 软件所使用的各个文献统计指标如表 2 - 1 所示。

表 2 - 1　HistCite 软件中的文献统计指标

指标名	英文缩写	具体含义
记录数（Records）	Recs	被选定分析文献集合的文献数量
所占比重（Percent）	Perc	对应文献集合在整体选定分析文献集合中所占比重
总引用频次（Global Citation Score）	GCS	在 Web of Science 数据库中统计得到该文献被其他文献所引用的总次数，主要统计的是论文
本地引用频次（Local Citation Score）	LCS	表示在当前被选定分析的文献列表中该论文被引用的次数
引用参考文献数量（Cited References）	CR	表示该论文所引用其他文献的数量，可用来大致判断该论文是一般论文还是综述
本地参考文献数量（Local Cited References）	LCR	表示在当前被选定分析的文献列表中该论文有多少参考文献
去除自引的本地引用频次	LCSx	剔除了作者自引数量得到的本地引用频次，可用来表示对其他研究人员的参考意义和研究价值
年均本地引用频次	LCS/t	表示该论文在被引用期间对应本地引用频次的年均分布，可用来表示该论文的研究热度
年均总引用频次	GCS/t	表示该论文在被引用期间对应总引用频次的年均分布，可用来表示该论文的研究热度

---

① 《HistCite 软件的一些知识》，2011 年 11 月 10 日，科学网：http：//blog. sciencenet. cn/home. php？do = blog&id = 506489&mod = space&uid = 635998，2018 年 1 月 5 日访问。

指标名	英文缩写	具体含义
早期引用频次	LCSb	表示该论文在早期阶段对应本地引用频次的年均分布,可用来表示该论文在早期的研究热度
近期引用频次	LCSe	表示该论文在近期阶段对应本地引用频次的年均分布,可用来表示该论文在近期的研究热度
近期与早期引用频次比	LCS(e/b)	表示近期引用频次与早期引用频次的比值,可用来分析该论文在近期和未来的研究热度变化趋势

这些指标的主要特点体现在将单篇文献的引用量进一步延伸,从而能够反映在某一领域中不同文献之间的联系。通过使用 HistCite 及表 2-1 所列指标进行文献统计分析,得到分析结果分别如表 2-2、表 2-3、表 2-4 及图 2-2 所示。因为篇幅缘故,这些图表仅列出了分析结果中的主要部分。其中表 2-2 表示的是国外技术路线图研究领域的前 20 名主要作者的分布及对应文献计量指标统计值。

表 2-2 国外技术路线图研究领域主要作者分布

Author	Recs	Percent	LCS	LCS/t	LCSx	GCS	GCS/t	LCR	LCSb	LCSe
Phaal R	20	2.0	233	21.97038297	209	644	65.77624116	100	17	81
Park Y	18	1.8	154	16.83456543	125	513	59.35228938	139	12	53
Kostoff RN	12	1.2	214	13.2060105	188	744	49.8500916	29	18	44
Lee S	12	1.2	143	13.57064047	114	466	50.37490842	90	12	56
Kajikawa Y	10	1.0	27	2.775	18	224	25.28333333	39	9	13
Daim TU	9	0.9	77	10.24246032	65	268	34.96706349	71	12	38
Geum Y	9	0.9	19	4.052380952	13	98	18.82857143	75	3	-1
Ahlqvist T	8	0.8	10	1.583333333	7	72	10.83333333	38	5	1
Gerdsri N	8	0.8	32	3.14040404	23	100	9.637684538	79	3	10
Kim J	8	0.8	4	0.690909091	4	62	8.923376623	23	0	-4
Probert DR	8	0.8	161	11.90238846	144	412	30.86294751	18	4	47
Yoon B	8	0.8	22	3.488888889	22	215	30.86666667	51	1	4
Daim T	7	0.7	1	0.5	0	3	2	44	0	-3
Huang LC	6	0.6	1	0.333333333	1	6	2	20	0	-1
Probert D	6	0.6	32	3.295970696	32	108	12.45238095	20	5	15
Farrukh CJP	5	0.5	158	11.68810275	141	408	30.57723322	14	4	47

续表

Author	Recs	Percent	LCS	LCS/t	LCSx	GCS	GCS/t	LCR	LCSb	LCSe
Lee C	5	0.5	24	3.746031746	23	105	14.18614719	58	2	11
Lee H	5	0.5	8	2.095238095	6	22	6.5	38	2	-2
Liu Y	5	0.5	0	0	0	11	2.5	1	0	-3
Matsushima K	5	0.5	22	2.2	16	115	11.5	20	8	10

从表2-2中可以看出，国外技术路线图领域最具影响力的作者是Phaal R和Park Y，他们分别有20篇和18篇文献在HistCite软件的分析列表中。

在主要研究机构分布方面，表2-3显示论文分布数量最多的机构主要是（英国）剑桥大学（Univ Cambridge）、（韩国）首尔国立大学（Seoul Natl Univ）和（美国）波特兰州立大学（Portland State Univ），这显示出这几家机构在技术路线图研究领域的权威地位。

表2-3　国外技术路线图研究领域主要研究机构分布

	Institution	Recs	Percent	LCS	GCS		Institution	Recs	Percent	LCS	GCS
1	Univ Cambridge	26	2.6	264	781	11	Natl Chengchi Univ	8	0.8	3	42
2	Seoul Natl Univ	22	2.2	149	547	12	Penn State Univ	8	0.8	1	33
3	Portland State Univ	21	2.1	130	410	13	Purdue Univ	8	0.8	0	24
4	Univ Tokyo	12	1.2	27	251	14	Univ Twente	8	0.8	18	301
5	VTT Tech Res Ctr Finland	12	1.2	9	53	15	Yonsei Univ	8	0.8	20	130
6	Off Naval Res	10	1	79	454	16	Georgia Inst Technol	7	0.7	18	199
7	Politecn Milan	10	1	3	333	17	Mahidol Univ	7	0.7	32	98
8	IBM Corp	9	0.9	0	129	18	Univ Amsterdam	7	0.7	1	39
9	Univ Illinois	9	0.9	4	304	19	Univ Calif San Diego	7	0.7	0	35
10	Univ Manchester	9	0.9	37	276	20	Univ Nova Lisboa	7	0.7	0	9

在主要学术期刊分布方面，表2-4显示相关论文发表数量最多的学术期刊主要集中在《技术预测与社会变革》（*Technological Forecasting and Social Change*），这显示出技术路线图在技术预测方面的重要作用。此外还有期刊如《可再生与可持续能源评论》（*Renewable & Sustainable Energy Reviews*）、

《清洁生产杂志》（*Journal of Cleaner Production*）显示技术路线图在能源政策研究领域的重要应用。

表 2 - 4　国外技术路线图研究领域主要学术期刊分布

Journal	Recs	Percent	LCS	LCS/t	GCS	GCS/t	LCR
Technological Forecasting and Social Change	81	8. 1	673	71. 35628995	2616	300. 7649773	560
Renewable & Sustainable Energy Reviews	25	2. 5	1	0. 333333333	493	104. 4333333	2
Journal of Cleaner Production	15	1. 5	9	1. 416666667	155	29. 60952381	20
Technology Analysis & Strategic Management	12	1. 2	12	2. 945238095	91	16. 18333333	58
IEEE Transactions on Computer-Aided Design of Integrated Circuits and Systems	11	1. 1	3	0. 201388889	338	23. 03218726	1
International Journal of Technology Management	11	1. 1	13	1. 672222222	151	14. 66031746	20
Research-Technology Management	11	1. 1	146	9. 3754329	377	25. 51212121	8
International Journal of Greenhouse Gas Control	7	0. 7	0	0	138	21. 86428571	0
Journal of the American Medical Informatics Association	6	0. 6	2	0. 181818182	316	29. 85406954	2
R&D Management	6	0. 6	27	3. 420238095	166	21. 325	42
Technovation	6	0. 6	29	3. 424242424	227	27. 2219697	31
CIRP Annals-Manufacturing Technology	5	0. 5	1	0. 125	444	40. 26428571	6
Expert Systems with Applications	5	0. 5	7	0. 833333333	83	9. 66031746	10
IEEE Transactions on Engineering Management	5	0. 5	131	7. 783380019	402	28. 75863679	8
Journal of Product Innovation Management	5	0. 5	69	4. 607843137	149	10. 81862745	14
Sustainability	5	0. 5	0	0	13	3. 571428571	16
Bell Labs Technical Journal	4	0. 4	0	0	17	1. 589285714	0
Business Process Management Journal	4	0. 4	1	0. 333333333	6	3. 333333333	1
Futures	4	0. 4	0	0	18	3. 845238095	2
Journal of Engineering and Technology Management	4	0. 4	13	2. 219047619	51	8. 638095238	32

通过文献计量分析，国外技术路线图研究发展的特点主要体现在：①在近期发展趋于平缓，②体现出与情报学、管理学、经济学等学科融合的特征。

2. 国外研究知识图谱分析

进一步地，通过使用 HistCite 软件，本书选取了国外核心的 30 篇文献作为样本，分析其相互引证关系，得到结果如图 2 - 2 所示。

引证关系图 2 - 2 上的 30 个圆圈各自代表一篇文献，圆圈中数字为该文献在数据库中的序号，左侧为纵向升序排列的时间轴。在图 2 - 2 中，圆圈面积越大，则代表着被引用次数越多。不同圆圈之间的连线代表着文献之间的引用关系，箭头指向代表着连线尾端文献引用了连线箭头端的文献。也就是说，文献的被引用次数越多指向它的箭头也越多，那么该文献很有可能是该领域中的奠基之作。

HistCite 软件的可视化功能较为有限，因此本研究还使用了 VOSviewer 软件对国外文献内容展开分析并制作出知识图谱。在 VOSviewer 软件关键词分析模块，通过设置"网络可视化"（Network Visualization）模式得到关键词的共现网络如图 2 - 3 所示。

从图 2 - 3 可以看出，在国外技术路线图领域的重点关键词包括"技术"（Technology）、"框架"（Framework）、"路线图"（Roadmap）、"创新"（Innovation）等，而与之联系紧密（即具有共现关系）的关键词包括"模型"（Model）、"未来"（Future）、"策略"（Strategy）、"研发"（Research and Development）、"政策"（Policy）等。另外在图 2 - 3 中也可以发现技术路线图在一些产业中的应用，如能源、半导体、互联网、纳米技术、基础设施建设等。

在关键词分析模块中，通过切换到"Overlay Visualization"模式可进一步分析关键词随时间变化的趋势，分析结果如图 2 - 4 所示。图 2 - 4 显示，在图 2 - 3 中出现的重要关键词主要分布在 2008—2012 年，而在近期出现频率较高的关键词主要包括"绩效"（Performance）、"集成"（Integration）、"可持续"（Sustainability）、"生命周期评估"（Life-cycle Assessment）等。

在 VOSviewer 软件中，通过设置"密度可视化"（Density Visualization）模式可进一步分析关键词随时间变化的趋势，分析结果如图 2 - 5 所示。

从图 2 - 5 可以看出，国外技术路线图研究领域最热的关键词主要包括

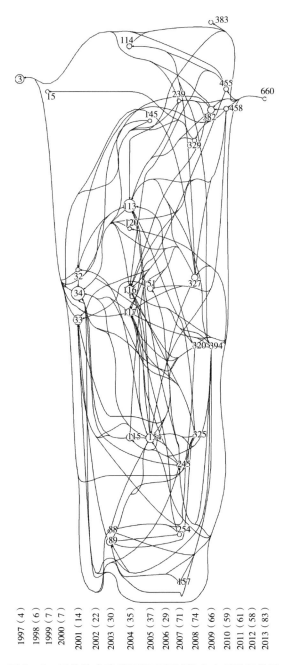

图 2-2 国外技术路线图研究领域核心文献引证关系

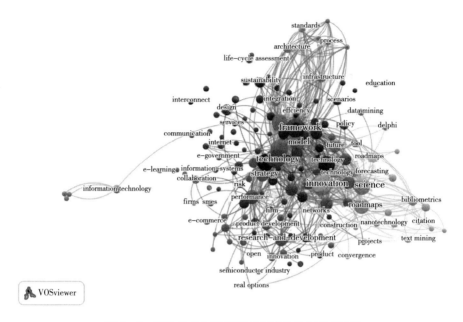

图 2-3　国外技术路线图研究领域关键词共现网络

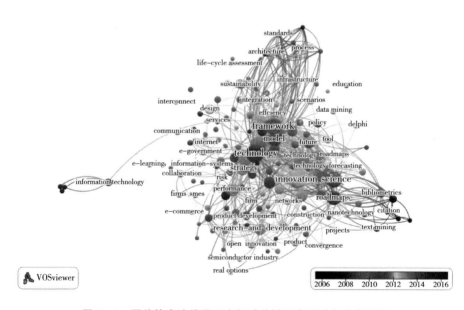

图 2-4　国外技术路线图研究领域关键词共现时序分布网络

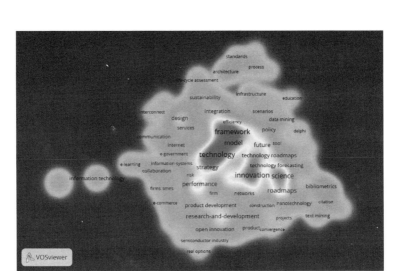

图 2 – 5　国外技术路线图研究领域关键词热度

"技术"（Technology）、"模型"（Model）、"框架"（Framework）等，其次是"创新"（Innovation）、"科学"（Science）、"路线图"（Roadmap）、"未来"（Future）、"技术预测"（Technology Forecasting）等。

3. 国内研究文献计量分析

国内研究方面，本研究选取中国引文数据库作为数据来源，以"技术路线图"、"专利路线图"和"产业路线图"作为主题词来进行检索，最后得到 844 条中国文献数据。检索时间为 2017 年 11 月 30 日。图2 – 6 反映了国内相关研究论文的时间分布情况。

通过文献统计分析，得出了国内技术路线图研究领域的前 20 名主要作者分布，如表 2 – 5 所示。可以看到，暨南大学的佟瑞和李从东发表的论文数量都达到了 9 篇，而佟瑞在天津大学工作时也发表了 7 篇该领域的相关论文。此外，表 2 – 5 显示作者所在单位主要为高校和科研院所。

通过文献统计分析，本研究得出了国内技术路线图研究领域的前 20 名研究机构分布，如表 2 – 6 所示。从表 2 – 6 中可以看出，清华大学发表文献数量最多，达到了 27 篇；其次是华南理工大学、上海市科学学研究所，分别达到了 20 篇和 16 篇。

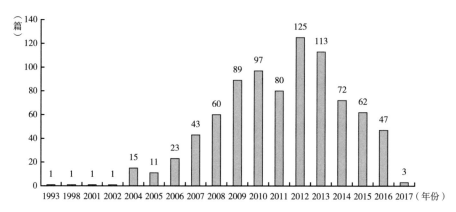

图 2－6　国内技术路线图研究领域相关文献发展趋势

表 2－5　国内技术路线图研究领域主要作者分布

单位：篇，%

序号	作者	作者单位	文献数	占比	序号	作者	作者单位	文献数	占比
1	佟瑞	暨南大学	9	1.07	11	汪雪锋	北京理工大学	4	0.47
2	李从东	暨南大学	9	1.07	12	冷伏海	中国科学院国家科学图书馆	4	0.47
3	黄鲁成	北京工业大学	8	0.95	13	殷素红	华南理工大学	4	0.47
4	佟瑞	天津大学	7	0.83	14	苏竣	清华大学	4	0.47
5	谈毅	上海交通大学	7	0.83	15	余其俊	武汉工业大学	4	0.47
6	程家瑜	中国科技部中国科学技术发展战略研究院	6	0.71	16	汤勇力	暨南大学	4	0.47
7	李振兴	中国科技部中国科学技术发展战略研究院	5	0.59	17	张本山	华南理工大学	4	0.47
8	盛济川	南京信息工程大学	5	0.59	18	于淑娟	华南理工大学	4	0.47
9	李万	上海市科学学研究所	5	0.59	19	张俊祥	中国科技部中国科学技术发展战略研究院	4	0.47
10	王霞	哈尔滨职工技术学院	5	0.59	20	张铁男	哈尔滨工程大学	4	0.47

表 2-6　国内技术路线图研究领域主要机构分布

单位：篇，%

序号	机构	文献数	占比	序号	机构	文献数	占比
1	清华大学	27	3.20	11	天津大学	9	1.07
2	华南理工大学	20	2.37	12	哈尔滨工业大学	8	0.95
3	上海市科学学研究所	16	1.90	13	中国科学院国家科学图书馆	7	0.83
4	中国科技部中国科学技术发展战略研究院	15	1.78	14	中国科学技术大学	7	0.83
5	暨南大学	13	1.54	15	河北农业大学	6	0.71
6	上海交通大学	12	1.42	16	复旦大学	6	0.71
7	哈尔滨工程大学	11	1.30	17	南京信息工程大学	6	0.71
8	北京工业大学	10	1.18	18	中国人民大学	6	0.71
9	武汉大学	10	1.18	19	河北工业大学	5	0.59
10	中国科学技术信息研究所	9	1.07	20	华东师范大学	5	0.59

通过文献统计分析，本研究得出了国内技术路线图研究领域分布前 20 名学术期刊分布，如表 2-7 所示。从表 2-7 可以看出，发表该领域论文最多的学术期刊为《科技管理研究》，相关文献数量达到 28 篇；其次是《科技进步与对策》和《中国科技论坛》，分别达到了 25 篇和 20 篇。

表 2-7　国内技术路线图研究领域主要学术期刊分布

单位：篇，%

序号	出版物	文献数	占比	序号	出版物	文献数	占比
1	《科技管理研究》	28	3.32	11	《中国集成电路》	7	0.83
2	《科技进步与对策》	25	2.96	12	《中国人口·资源与环境》	6	0.71
3	《中国科技论坛》	20	2.37	13	《新材料产业》	6	0.71
4	《金属热处理》	12	1.42	14	《情报杂志》	6	0.71
5	《创新科技》	12	1.42	15	《广东科技》	6	0.71
6	《科学学与科学技术管理》	12	1.42	16	《中国科技财富》	5	0.59
7	《科学学研究》	11	1.30	17	《太阳能》	5	0.59
8	《图书情报工作》	8	0.95	18	《科技创新与生产力》	5	0.59
9	《印制电路信息》	7	0.83	19	《水泥》	5	0.59
10	《中国软科学》	7	0.83	20	《全球科技经济瞭望》	4	0.47

4. 国内研究知识图谱分析

由于国内文献格式较为特殊，知识图谱分析效果较好的是 CiteSpace 软件。通过该软件能够对各文献之间的关联展开关键词聚类和共现分析，从而发现研究热点。聚类分析结果如图 2-7 所示。

图 2-7 国内技术路线图研究领域关键词聚类

从图 2-7 的分析结果可以看到，国内技术路线图研究领域的关键词聚类结果主要在"技术创新"（#0）、"应力集中"（#1）、"路线图"（#2）、"产业技术路线图"（#3）、"混合现实"（#4）、"美国"（#5）、"二次资源"（#6）、"新能源汽车技术"（#7）等。从该聚类结果可以得出，国内技术路线图的主要应用是服务于技术创新和产业规划。此外从"应力集中"（#1）、"混合现实"（#4）、"二次资源"（#6）、"新能源汽车技术"（#7）的聚类结果可以看出技术路线图较多地应用于机械制造、机器人和人工智能、新能源与环境等产业。

进一步地，在 CiteSpace 软件中，通过切换到时间线（Timeline）模式，得到分析结果如图 2-8 所示。从图 2-8 可以发现，国内技术路线

图研究领域中"技术创新"(#0)是最主要的聚类类别,这其中包括了企业战略、自主创新能力、技术预见、专利分析、关键技术、风电产业、整机制造业、产学研结合、科技规划、推广应用等关键词,基本上涵盖了产业规划中技术创新层面所关注的各个方面。另外在 CiteSpace 软件中,切换到时间区(Timezone)模式则可以显示,国内技术路线图研究领域的发展开始于 2004 年,主要是针对技术路线图的基本概念和主要特点展开的研究,之后的发展趋于多元化,并开始与产业发展特征相结合。

二、高铁产业研究相关文献分析

1. 国外研究文献计量分析

为客观地反映国外机构在技术路线图领域的研究现状,本研究选取了国外研究论文作为样本进行文献统计和分析。在样本选择上,本研究选择了 Web of Science 作为数据获取的主要来源,并使用高级检索功能进行检索,检索策略为"(TS = high speed rail * and (TS = technology innovation or TS = technology management or TS = industry development or TS = economic or TS = patent or TS = market)) AND 语种:(English) AND 文献类型:(Article)",其中限定了相关学科以精炼检索结果。检索时间为 2017 年 12 月 22 日。

最终得到了与"高速铁路"主题相关的文献 393 篇。图 2-9 反映了国外相关研究论文随时间发展的产出情况。从图 2-9 中可以看到,国外研究在 1997—2006 年不均匀分布着一些文献,且总体数量不多;在 2007 年有较大的增长;在 2008 年之后在该领域的研究文献逐步上升,并且在 2017 年该领域产出的论文达到了新高。

利用 HistCite 软件对国外高铁产业研究相关文献展开统计分析,在该领域的前 20 名主要作者如表 2-8 所示。从表 2-8 中可以看出,国外高铁产业研究领域最具影响力的作者是 Zhang AM、Jiang CM、Martin JC 等人,他们分别有 10 篇、6 篇和 5 篇在 HistCite 软件的分析列表中。但总体而言他们在近期的影响力不高,影响力较高的作者主要有 Ortega E、Lopez E、Monzon A 等人。

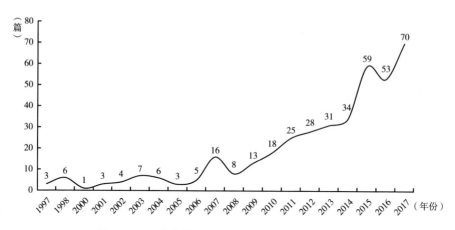

图 2 - 9　国外高铁产业研究领域相关文献发展趋势

表 2 - 8　国外高铁产业研究领域主要作者分布

Author	Recs	Percent	LCS	LCS/t	LCSx	GCS	GCS/t	LCR	LCSb	LCSe
Zhang AM	10	2.50	72	15.52	37	117	24.82	85	2	9
Jiang CM	6	1.50	25	6.07	9	52	12.65	52	-1	-6
Martin JC	5	1.30	19	1.93	18	79	8.92	6	1	3
Nash C	5	1.30	33	4.02	31	97	11.22	2	2	11
Hensher DA	4	1.00	11	0.73	9	65	4.78	4	1	1
Ortega E	4	1.00	25	4.01	20	85	14.00	11	8	12
Capozza C	3	0.80	7	1.92	4	17	4.42	23	-1	-3
Chen ZH	3	0.80	4	1.25	3	14	4.33	15	-1	-3
D'Alfonso T	3	0.80	0	0.00	0	16	4.25	27	-1	-3
Dobruszkes F	3	0.80	18	3.25	16	33	6.00	13	4	9
Fu XW	3	0.80	15	3.20	11	50	10.80	6	-1	-3
Givoni M	3	0.80	40	4.46	38	117	11.57	6	4	23
Guirao B	3	0.80	3	0.75	3	9	2.32	4	0	-2
Jiao JJ	3	0.80	8	1.60	6	20	4.10	6	-1	-3
Jimenez JL	3	0.80	15	2.43	13	28	4.34	17	2	3
Jin FJ	3	0.80	9	1.85	7	19	3.85	4	-1	-3
Lopez E	3	0.80	27	4.14	21	104	15.04	5	9	14
Monzon A	3	0.80	27	4.14	21	104	15.04	5	9	14
Preston J	3	0.80	1	0.13	1	11	1.06	8	0	0
Roberts C	3	0.80	0	0.00	0	10	2.67	3	-1	-3

国外在高铁产业研究领域的前 20 名研究机构的分析结果则显示在表 2－9 中。其中发表该领域论文最多的机构是北京交通大学（Beijing Jiaotong Univ）、中国科学院（Chinese Acad Sci）和不列颠哥伦比亚大学（Univ British Columbia），这些机构均有 13 篇相关论文且其中有两家为中国机构。但相对而言，国外机构的影响力更大，在相同主题中所获得的被引用量更多。

表 2－9　国外高铁产业研究领域主要机构分布

	Institution	Recs	Percent	LCS	GCS		Institution	Recs	Percent	LCS	GCS
1	Beijing Jiaotong Univ	13	3.3	9	33	11	Natl Chiao Tung Univ	6	1.5	6	46
2	Chinese Acad Sci	13	3.3	14	50	12	Shanghai Jiao Tong Univ	6	1.5	38	57
3	Univ British Columbia	13	3.3	87	167	13	Univ Las Palmas Gran Canaria	6	1.5	18	48
4	Univ Politecn Madrid	11	2.8	39	142	14	Univ Leeds	6	1.5	37	109
5	Hong Kong Polytech Univ	8	2	9	26	15	Univ Naples Federico II	6	1.5	8	55
6	Delft Univ Technol	7	1.8	15	163	16	MIT	5	1.3	9	32
7	Natl Cheng Kung Univ	7	1.8	33	136	17	Politecn Milan	5	1.3	0	1
8	Univ Birmingham	7	1.8	0	19	18	UCL	5	1.3	32	173
9	Univ Castilla La Mancha	7	1.8	0	28	19	Univ Manitoba	5	1.3	8	25
10	Univ Sydney	7	1.8	31	120	20	Vrije Univ Amsterdam	5	1.3	54	137

在主要学术期刊分布方面，表 2－10 显示相关论文发表数量最多的学术期刊主要集中在《交通研究记录》（*Transportation Research Record*）、《交通地理杂志》（*Journal of Transport Geography*）、《交通研究 A 部：政策与实践》（*Transportation Research Part A-Policy and Practice*），由此显示出高铁产业研究与交通技术、地理学以及政策制定的关联。

通过文献计量分析，国外高铁产业研究发展的特点主要体现在：①在近期快速发展并得到了广泛关注；②呈现多学科融合的趋势，涉及工程、交通管理、地理学、经济学、政治学等多学科内容；③中国机构在国际的研究影响力仍相对较弱。

表 2－10　国外高铁产业研究领域主要学术期刊分布

Journal	Recs	Percent	LCS	LCS/t	GCS	GCS/t	LCR
Transportation Research Record	28	7.1	23	2.834019	88	11.49416	45
Journal of Transport Geography	24	6.1	88	15.00346	303	45.36378	49
Transportation Research Part A-Policy and Practice	23	5.8	56	13.39242	175	35.28217	115
Transport Policy	14	3.5	101	13.57259	344	42.88004	24
Journal of Air Transport Management	8	2	2	0.4	35	6.040476	22
Proceedings of the Institution of Mechanical Engineers Part F-Journal of Rail and Rapid Transit	8	2	3	0.238095	26	3.589286	0
Transportation Planning and Technology	8	2	12	0.867157	123	8.430637	2
Transportation Research Part B-Methodological	6	1.5	77	11.8127	157	23.84048	44
Transport Reviews	5	1.3	17	2.666667	134	17.81667	12
Transportation Research Part D-Transport and Environment	5	1.3	7	0.833333	44	6.25	6
Case Studies on Transport Policy	4	1	1	0.25	3	1	14
Environment and Planning A	4	1	9	1.416667	63	5.75	3
Expert Systems with Applications	4	1	10	1.177778	78	8.888889	5
Journal of Advanced Transportation	4	1	0	0	19	2.380952	6
Journal of Transport Economics and Policy	4	1	11	2.466667	83	9.533333	5
Journal of Transportation Engineering-ASCE	4	1	2	0.188312	14	0.945887	0
Research in Transportation Economics	4	1	0	0	2	0.333333	3
Tijdschrift Voor Economische En Sociale Geografie	4	1	0	0	4	0.210526	3
Transportation Research Part E-Logistics and Transportation Review	4	1	9	1.386905	43	6.184524	2
European Transport Research Review	3	0.8	0	0	2	0.5	6

2. 国外研究知识图谱分析

进一步地，通过使用 HistCite 软件，本书选取了国外核心的 30 篇文献作为样本，分析其相互引证关系，最后分析结果如图 2－10 所示。从图 2－10 可以看到重点文献主要分布在 1997—2016 年，但大部分分布在 2006—2016 年。其中，3 号文献产生最早，50 号、56 号、131 号和 146 号文献引用频次较高，这些文献为该领域研究发展发挥了不小的作用。

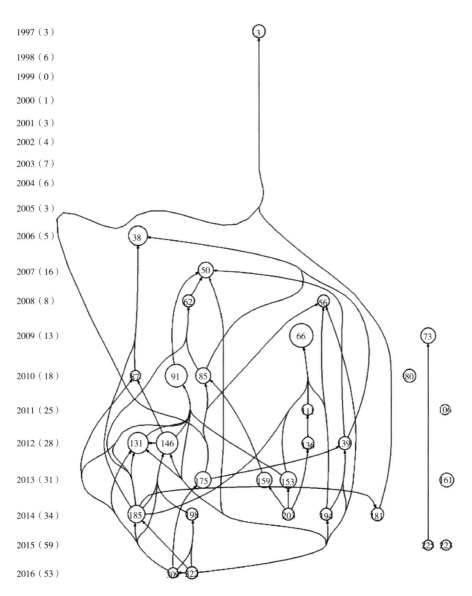

图 2－10 国外高铁产业研究领域重点文献引证关系

在 VOSViewer 软件的关键词分析结果中，通过设置 "Network Visualization" 模式得到关键词的共现网络如图 2-11 所示。在图 2-11 中可以看出，国外高铁产业研究领域的重点关键词包括"高速铁路"（High Speed Rail）、"中国"（China）、"可达性"（Accessibility）、"欧洲"（Europe）等，而与之联系紧密（即具有共现关系）的关键词包括"航空运输"（Air Transport）、"基础设施"（Infrastructure）、"影响"（Impact）、"绩效"（Performance）等。

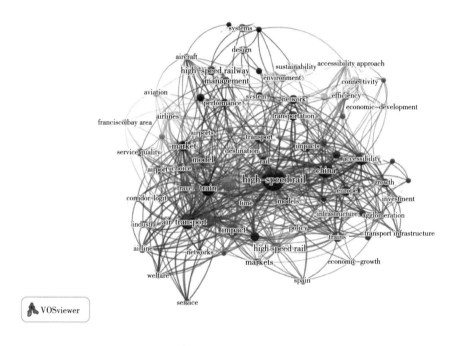

图 2-11　国外高铁产业研究领域关键词共现网络

进一步分析关键词随时间变化的趋势，得到关键词共现时序分布网络的分析结果如图 2-12 所示。图 2-12 中出现的重要关键词主要分布在 2012—2015 年，在近期出现频率较高的关键词主要包括"产业"（Industry）、"市场"（Market）、"福利"（Welfare）、"绩效"（Performance）、"可持续性"（Sustainability）等。此外，在 VOSViewer 软件中切换到 "Density Visualization" 模式分析关键词的热点程度，得到分析结果如 2-13 所示。

从图 2-13 可以看出，国外高铁产业研究领域最热的关键词主要包括

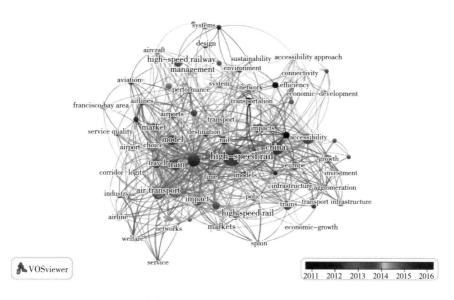

图 2 - 12 国外高铁产业研究领域关键词共现时序分布网络

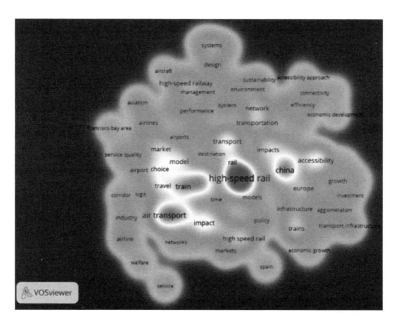

图 2 - 13 国外高铁产业研究领域关键词热度

"高速铁路"（High Speed Rail）、"航空运输"（Air Transport）、"火车"（Train）、"中国"（China），其次是"影响"（Impact）、"选择"（Choice）、"模型"（Model）、"交通"（Transport）、"可达性"（Accessibility）等。

3. 国内研究文献计量分析

国内研究方面，本研究选取中国引文数据库作为数据来源，使用检索式"（SU ='高铁'OR SU ='高速铁路'OR SU ='子弹头列车'OR SU ='动车组'）AND（SU ='技术创新'OR SU ='产业'OR SU ='出口'OR SU ='专利'OR SU ='经济发展'OR SU ='国际竞争'OR SU ='走出去'OR SU ='市场贸易'）"。检索时间为 2017 年 12 月 7 日。图 2 - 14 反映了国内相关研究论文的时间分布情况。

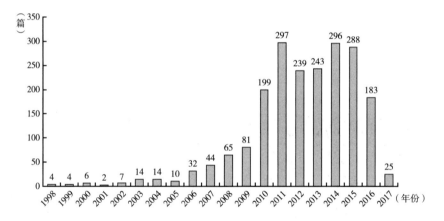

图 2 - 14　国内高铁产业研究领域相关文献发展趋势

通过文献统计分析，得出了国内高铁产业研究领域的前 20 名主要作者分布，如表 2 - 11 所示。可以看到，北京交通大学的林晓言发表的论文数量最多，达到了 8 篇；其次是梅元贵、李红昌、汪建丰等人。此外，表 2 - 11 还反映出作者所在单位的多元化，这些单位包括高校、国企、科研院所、政府部门等。

在研究机构统计方面，分析得到的国内高铁产业研究领域前 20 名研究机构如表 2 - 12 所示。从表 2 - 12 可以看到，西南交通大学在该领域发表论文数量最多，达到了 200 篇；其次是北京交通大学和中南大学，分别达到了 155 篇和 42 篇。

表 2 – 11　国内高铁产业研究领域主要作者分布

单位：篇，%

序号	作者	作者单位	文献数	占比	序号	作者	作者单位	文献数	占比
1	林晓言	北京交通大学	8	0.38	11	刘堂红	中南大学	3	0.14
2	梅元贵	兰州交通大学	7	0.34	12	黄耀怡	中铁第五勘察设计院集团有限公司	3	0.14
3	李红昌	北京交通大学	5	0.24	13	殷平	北京交通大学	3	0.14
4	汪建丰	湖州师范学院	5	0.24	14	吴克俭	铁道部科学技术司	3	0.14
5	赵云	北京交通大学	4	0.19	15	陆军	北京大学	3	0.14
6	朴明伟	大连交通大学	4	0.19	16	赵文成	西南交通大学	3	0.14
7	王姣娥	中国科学院地理科学与资源研究所	4	0.19	17	赵强	大连交通大学	3	0.14
8	于秋阳	上海师范大学	4	0.19	18	焦敬娟	中国科学院地理科学与资源研究所	3	0.14
9	胡顺香	北京交通大学	3	0.14	19	李祥妹	南京农业大学	3	0.14
10	徐飞	西南交通大学	3	0.14	20	郇亚丽	华东师范大学	3	0.14

表 2 – 12　国内高铁产业研究领域主要机构分布

单位：篇

序号	机构	文献数	序号	机构	文献数
1	西南交通大学	200	11	浙江大学	17
2	北京交通大学	155	12	上海交通大学	16
3	中南大学	42	13	北京大学	16
4	兰州交通大学	38	14	华中科技大学	15
5	吉林大学	37	15	东北财经大学	15
6	中国铁道科学研究院	22	16	清华大学	13
7	大连交通大学	21	17	南京大学	12
8	天津大学	20	18	铁道部	12
9	长安大学	18	19	华东师范大学	12
10	山东大学	18	20	中国北车集团唐山轨道客车有限责任公司	11

　　此外，在文献统计分析中对学术期刊进行统计并得到前 20 名学术期刊的分布，具体内容如表 2 – 13 所示。从表 2 – 13 可以看到，发表该

领域论文最多的学术期刊为《中国铁路》，相关文献数量达到了41篇；其次是《铁道经济研究》《铁道运输与经济》，分别达到了25篇和22篇。

表 2-13　国内高铁产业研究领域主要学术期刊分布

单位：篇

序号	出版物	文献数	序号	出版物	文献数
1	《中国铁路》	41	11	《高速铁路技术》	9
2	《铁道经济研究》	25	12	《机车电传动》	9
3	《铁道运输与经济》	22	13	《中国经济周刊》	8
4	《中国发明与专利》	20	14	《旅游纵览（下半月）》	8
5	《铁道标准设计》	18	15	《黑龙江科技信息》	7
6	《经济地理》	14	16	《商业经济研究》	7
7	《铁道建筑技术》	12	17	《铁道车辆》	7
8	《综合运输》	12	18	《经济研究导刊》	7
9	《铁道工程学报》	11	19	《中国铁道科学》	7
10	《中国市场》	9	20	《商》	7

4. 国内研究知识图谱分析

进一步地，通过 CiteSpace 软件对国内高铁产业研究领域文献展开知识图谱分析，分析结果如图 2-15 和图 2-16 所示。其中，图 2-15 是对高铁产业研究领域文献进行关键词聚类分析所得到的结果。从结果中可以看到，对于高铁产业所展开的研究所涉及的方面十分广泛，而在图 2-15 中通过聚类得到的文献类别就有 20 多个。关键词类别出现频次较高的有"中国高铁"（#0）、"高铁时代"（#1）、"俄罗斯"（#2）、"同期"（#3）、"创新平台"（#4）、"旅行社"（#5）、"高科技产业"（#6）、"京沪高速铁路"（#7）、"营业里程"（#8）等。这些关键词说明了国内高铁产业研究领域文献主要关注的是高铁产业发展的历程和未来展望、创新模式的设想以及高铁对旅游经济的影响等。

而在图 2-16 显示的关键词聚类时间线分析结果中可以看到，国内高铁产业相关文献的时间分布主要集中在 1992—2018 年。其中关键词类别"中国高铁"（#0）所对应的关键词主要描述的是：高铁作为国家宏观可

持续发展战略内容的重要部分，在连接各城市群方面起到了重要作用。此外该类别下的关键词还涉及"走出去"战略、结构性改革、新兴产业、高铁出口等内容。而"高铁时代"（#1）则主要对应的是高铁对城市经济的影响。"俄罗斯"（#2）主要涉及的是高铁出口和"一带一路"等方面的内容。在时间区模式下，得到的知识图谱显示国内高铁产业研究领域的发展趋于上升，发展过程显示早期文献关键词之间的共现关系具有较小的时间跨度，而近期文献的关键词与早期文献的关键词具有密切的共现关系且时间跨度较大。这说明在早期文献的基础上近期文献的研究范围得到了进一步的扩展。

第二节 技术路线图相关理论与方法

一、技术路线图的发展

在研究技术路线图的文献中，由于技术路线图具有识别商业机会的重大潜力和作用，早期的通用技术路线图（Generic Technology Roadmap）开始向多元化发展，产生了许多不同类型的技术路线图。[1] 通过技术路线图，可以解释技术在发展过程中为何出现进化，而其主要原因可能是好的技术在"创新博弈"（Innovation Game）中能够更好地适应市场、被公众选择从而成为竞争中的赢家[2]。在产业层面中，技术演化过程则是"技术推动"（Technology Push）及"市场拉动"（Technology Pull）等作用的结果。[3]

自从技术路线图产生以来，它就被作为企业战略管理和决策的重要工具，而随着相关研究的不断发展，许多不同类型的技术路线图都迅速产

---

① Kostoff R N and Schaller R R, "Science and Technology Roadmaps", *IEEE Transactions on Engineering Management*, Vol. 48, No. 2, 2001, pp. 132 – 143.

② Rinne M, "Technology Roadmaps: Infrastructure for Innovation", *Technological Forecasting and Social Change*, Vol. 71, No. 1 – 2, 2004, pp. 67 – 80.

③ Phaal R, Farrukh C and Probert D R, "Technology Roadmapping – A Planning Framework for Evolution and Revolution", *Technological Forecasting and Social Change*, Vol. 71, No. 1 – 2, 2004, pp. 5 – 26.

生。在最初阶段,技术路线图的构建方法主要有基于专家(Expert-based)的技术路线图、基于计算机(Computer-based)的技术路线图及同时使用以上两种方法的技术路线图。[1]

其中,基于专家的技术路线图通常会采用德尔菲法[2]、层次分析法(AHP)[3]、专家评判(Expert Judgment)[4]、集体研讨[5]等方式。在实践应用过程中,通常意义的技术路线图如"T-PLAN"模式在构建过程中会综合采用上述这些方式,以快速响应客户对战略分析的需求。[6]这些方法都是传统的且在实际中常用的路线图构建方法,主要通过组织人员对具体战略发展问题进行思考,并面向国家、产业、企业以及个人等多个层面展开,输出并形成可视化和系统性的战略分析框架。

而基于计算机的路线图则还可以分为文本分析[7]和引文分析[8]等多个

[1] Kostoff R N and Schaller R R, "Science and Technology Roadmaps", *IEEE Transactions on Engineering Management*, Vol. 48, No. 2, 2001, pp. 132 – 143.

[2] Cuhls K, de Vries M, Li H L and Li L, "Roadmapping: Comparing Cases in China and Germany", *Technological Forecasting and Social Change*, Vol. 101, 2015, pp. 238 – 250.
Fenwick D, Daim T U and Gerdsri N, "Value Driven Technology Road Mapping (VTRM) Process Integrating Decision Making and Marketing Tools: Case of Internet Security Technologies", *Technological Forecasting and Social Change*, Vol. 76, No. 8, 2009, pp. 1055 – 1077.

[3] Jeon J, Lee H and Park Y, "Implementing Technology Roadmapping with Supplier Selection for Semiconductor Manufacturing Companies", *Technology Analysis & Strategic Management*, Vol. 23, No. 8, 2011, pp. 899 – 918.

[4] Hooshangi S, Arasti M R, Hounshell D A and Sahebzamani S, "Evolutionary Learning Methodology: A Case Study of R&D Strategy Development", *Technological Forecasting and Social Change*, Vol. 80, No. 5, 2013, pp. 956 – 976.

[5] Tuominen A and Ahlqvist T, "Is the Transport System Becoming Ubiquitous? Socio-technical Roadmapping as a Tool for Integrating the Development of Transport Policies and Intelligent Transport Systems and Services in Finland", *Technological Forecasting and Social Change*, Vol. 77, No. 1, 2010, pp. 120 – 134.

[6] Cowan K R, "A New Roadmapping Technique for Creatively Managing the Emerging Smart Grid", *Creativity and Innovation Management*, Vol. 22, No. 1, 2013, pp. 67 – 83.
Phaal R, Farrukh C and Probert D R, "Technology Roadmapping – A Planning Framework for Evolution and Revolution", *Technological Forecasting and Social Change*, Vol. 71, No. 1 – 2, 2004, pp. 5 – 26.

[7] Kostoff R N, "Systematic Acceleration of Radical Discovery and Innovation in Science and Technology", *Technological Forecasting and Social Change*, Vol. 73, No. 8, 2006, pp. 923 – 936.
Kostoff R N, Boylan R and Simons G R, "Disruptive Technology Roadmaps", *Technological Forecasting and Social Change*, Vol. 71, No. 1 – 2, 2004, pp. 141 – 159.

[8] Zhang Y, Guo Y, Wang X F, Zhu D H and Porter A L, "A Hybrid Visualisation Model for Technology Roadmapping: Bibliometrics, Qualitative Methodology and Empirical Study", *Technology Analysis & Strategic Management*, Vol. 25, No. 6, 2013, pp. 707 – 724.

类别。随着计算机技术的发展以及对于技术路线图研究的深入，上述的这两类方法不仅得到了持续改进，而且还衍生出许多新的方法。比较典型的如基于情景分析（Scenario Analysis）的技术路线图①、基于调研（Survey-based）的技术路线图②、基于文本挖掘（Text Mining based）的技术路线图③、专利路线图（Patent Roadmap)④，等等。这些类别主要是根据所运用方法的特点而确定的，通常是根据战略分析目标来进行选择。但在一些特定情境下，上述这些方法亦可以综合使用，形成基于多种方法的技术路线图。⑤ 如情景规划分析（Scenario Planning）在技术路线图研究中就是重要的研究方法之一。在这一类别中通常将情景分析与一些定量方法相结合来分析未来发展趋势⑥，并且通过数据的支撑来减少不确定性⑦。

在技术路线图的应用上，技术路线图大致被分为回溯分析和展望分析两种类型。⑧ 回溯分析指的是从已有资料中分析技术发展的整个过程，强调分析技术发展的历史规律。而展望分析则是在回溯分析的基础上进一步对技术的发展趋势进行预测，其主要目标是合理和准确地预见未来技术的

① Hansen C, Daim T, Ernst H and Herstatt C, "The Future of Rail Automation: A Scenario-based Technology Roadmap for the Rail Automation Market", *Technological Forecasting and Social Change*, Vol. 110, 2016, pp. 196 – 212.

② Jun S P, Seo J H and Son J K, "A Study of the SME Technology Roadmapping Program to Strengthen the R&D Planning Capability of Korean SMEs", *Technological Forecasting and Social Change*, Vol. 80, No. 5, 2013, pp. 1002 – 1014.

③ Geum Y, Lee H, Lee Y and Park Y, "Development of Data-driven Technology Roadmap Considering Dependency: An ARM-based Technology Roadmapping", *Technological Forecasting and Social Change*, Vol. 91, 2015, pp. 264 – 279.

④ Jeong Y and Yoon B, "Development of Patent Roadmap Based on Technology Roadmap by Analyzing Patterns of Patent Development", *Technovation*, Vol. 39 – 40, 2015, pp. 37 – 52.

⑤ Saritas O and Burmaoglu S, "Future of Sustainable Military Operations under Emerging Energy and Security Considerations", *Technological Forecasting and Social Change*, Vol. 102, 2016, pp. 331 – 343.

⑥ Hansen C, Daim T, Ernst H and Herstatt C, "The Future of Rail Automation: A Scenario-based Technology Roadmap for the Rail Automation Market", *Technological Forecasting and Social Change*, Vol. 110, 2016, pp. 196 – 212.

⑦ Siebelink R, Halman J and Hofman E, "Scenario-Driven Roadmapping to Cope with Uncertainty: Its Application in the Construction Industry", *Technological Forecasting and Social Change*, Vol. 110, 2016, pp. 226 – 238.

⑧ Kostoff R N and Schaller R R, "Science and Technology Roadmaps", *IEEE Transactions on Engineering Management*, Vol. 48, No. 2, 2001, pp. 132 – 143.

存在。但这一分类在之后的研究中用得较少，应用技术路线图的分类逐渐取决于应用主体和应用目标。[①] 在过去的一段时间里，技术路线图在企业中的应用主要表现在以下两个方面。

一是为了帮助企业实施有效的技术和产品规划，以及激励创新。根据创新理论，创新的产生来源于生产过程中的内生机制。应用技术路线图不仅将技术与市场两个层次的问题联系起来，而且在竞争情报中发现机会并识别风险。[②] 这种特定模式能够帮助企业形成商业生态系统，进一步实现持续创新[③]。从更细致的角度而言，技术路线图中的应用功能还可根据企业经营需要而产生定制化[④]。对于中小企业而言，这一工具的应用意义重大，这将引导它们找准提升企业价值的路径并在商业上获得成功。[⑤] 通过对那些发展历史长久的企业进行研究可以发现，它们的竞争优势往往是对颠覆性技术的掌握，而这些技术的产生正是在长期的技术研发积累上形成的。[⑥] 从企业的研发管理实践中可以很明显地看到，研发人员是企业创新模块的主要组成部分。但通常而言，企业的研发战略需要按照企业总体的战略来执行，因此研发人员需要一个清晰的规划来确定未来的研发方向。[⑦]

二是帮助企业制定战略并使得多个部门保持协作，包括战略规划和战

① Amer M and Daim T U, "Application of Technology Roadmaps for Renewable Energy Sector", *Technological Forecasting and Social Change*, Vol. 77, No. 8, 2010, pp. 1355 – 1370.

② Phaal R, Farrukh C and Probert D R, "Technology Roadmapping – A Planning Framework for Evolution and Revolution", *Technological Forecasting and Social Change*, Vol. 71, No. 1 – 2, 2004, pp. 5 – 26.

③ Walsh S T, "Roadmapping a Disruptive Technology: A Case Study – The Emerging Microsystems and Top-down Nanosystems Industry", *Technological Forecasting and Social Change*, Vol. 71, No. 1 – 2, 2004, pp. 161 – 185.

④ Lee S and Park Y, "Customization of Technology Roadmaps According to Roadmapping Purposes: Overall Process and Detailed Modules", *Technological Forecasting and Social Change*, Vol. 72, No. 5, 2005, pp. 567 – 583.

⑤ Holmes C and Ferrill M, "The Application of Operation and Technology Roadmapping to Aid Singaporean SMEs Identify and Select Emerging Technologies", *Technological Forecasting and Social Change*, Vol. 72, No. 3, 2005, pp. 349 – 357.

⑥ Walsh S T, Boylan R L, Mcdermott C and Paulson A, "The Semiconductor Silicon Industry Roadmap: Epochs Driven by the Dynamics Between Disruptive Technologies and Core Competencies", *Technological Forecasting and Social Change*, Vol. 72, No. 2, 2005, pp. 213 – 236.

⑦ Abe H, Ashiki T, Suzuki A, Jinno F and Sakuma H, "Integrating Business Modeling and Roadmapping Methods – The Innovation Support Technology (IST) Approach", *Technological Forecasting and Social Change*, Vol. 76, No. 1, 2009, pp. 80 – 90.

略决策。运用技术路线图规划企业战略能有效帮助企业获得和维持竞争优势。① 在企业战略规划的层次，促进各部门之间的沟通和交流是运用技术路线图的重要目标和作用之一。② 多种决策工具与技术路线图的结合可以应对复杂竞争态势下的决策需要。这主要根据具体情况来确定。比如在互联网情境下既需要充分考虑专家意见，同时也需要合理使用多种类别的数据。③ 在技术路线图中可以展现未来可能发生的变化从而决定相应行动④。

之后的研究除了不断发现通用技术路线图新的应用方式之外，还随着使用需求的扩大而产生了许多具有新功用的技术路线图。随着在宏观层面对技术路线图使用的需求不断增加，技术路线图应用范围进一步扩大。如，在公共政策制定上技术路线图已成为重要的支撑工具⑤，可以分析国家政策优先顺序⑥，从国家层面上指导中小企业的技术路线图制定⑦等。另外许多研究也对通用技术路线图在应用上的不足展开了研究，探讨新的应用方式，如适用于国有企业技术创新发展的技术路线图⑧、用于技术研

① Pagani M, "Roadmapping 3G Mobile TV: Strategic Thinking and Scenario Planning Through Repeated Cross-Impact Handling", *Technological Forecasting and Social Change*, Vol. 76, No. 3, 2009, pp. 382 – 395.

② Phaal R and Muller G, "An Architectural Framework for Roadmapping: Towards Visual Strategy", *Technological Forecasting and Social Change*, Vol. 76, No. 1, 2009, pp. 39 – 49.

③ Fenwick D, Daim T U and Gerdsri N, "Value Driven Technology Road Mapping (VTRM) Process Integrating Decision Making and Marketing Tools: Case of Internet Security Technologies", *Technological Forecasting and Social Change*, Vol. 76, No. 8, 2009, pp. 1055 – 1077.

④ Cheng M N, Wong J, Cheung C F and Leung K H, "A Scenario-based Roadmapping Method for Strategic Planning and Forecasting: A Case Study in a Testing, Inspection and Certification Company", *Technological Forecasting and Social Change*, Vol. 111, 2016, pp. 44 – 62.

⑤ Yasunaga Y, Watanabe M and Korenaga M, "Application of Technology Roadmaps to Governmental Innovation Policy for Promoting Technology Convergence", *Technological Forecasting and Social Change*, Vol. 76, No. 1, 2009, pp. 61 – 79.

⑥ Paliokaite A, Martinaitis Z and Sarpong D, "Implementing Smart Specialisation Roadmaps in Lithuania: Lost in Translation?" *Technological Forecasting and Social Change*, Vol. 110, 2016, pp. 143 – 152.

⑦ Cho Y, Yoon S P and Kim K S, "An Industrial Technology Roadmap for Supporting Public R&D Planning", *Technological Forecasting and Social Change*, Vol. 107, 2016, pp. 1 – 12.

⑧ Gershman M, Bredikhin S and Vishnevskiy K, "The Role of Corporate Foresight and Technology Roadmapping in Companies' Innovation Development: The Case of Russian State-owned Enterprises", *Technological Forecasting and Social Change*, Vol. 110, 2016, pp. 187 – 195.

发优先顺序决策的技术路线图①、用于在技术转移中寻找商业机会②，等等。在某些情形下也可同时应用于多个目标，即复合技术路线图③。

尽管在制作方法上或应用目标上存在差异，技术路线图总的来说有以下特征。①动态性。在技术路线图中，被描述的对象（技术、产品、需求、研发目标）不会是一成不变的，总是会有多个已知的或未知的状态。②目标性。一般来说技术路线图是为了完成某项任务或者实现特定目标而产生的，在早期技术路线图被用来进行企业规划和战略预测，但随着其用途越来越广泛，技术路线图也有了许多特殊的用途。③多层次性。为实现特定的目标，技术路线图需要考虑多个因素或多个层次。在这些因素或层次上将目标与现状联系起来，制定实施方案，由此而形成了实现目标的路径。④知识性。由于需要考虑多个因素或层次，技术路线图通常是基于大量的专业知识（通过专家意见、信息技术或者其他方式）而形成的，因此信息来源是制作技术路线图的重要方面之一。

相对于使用专家意见、研讨会、调研等方式构建的技术路线图，使用文本挖掘方式构建的技术路线图特别是基于专利分析构建的技术路线图所受到的关注越来越高。值得注意的是，专利路线图相对于其他技术路线图而言有着特定的优势，其信息来源的可信度及可靠性都较高，并且在竞争分析上能提供特殊的分析视角，有着很大的应用潜力。

二、专利路线图的制作方法及应用

文字处理技术和大数据技术的发展，使得专利信息及其分析方法在技术路线图中受到越来越多的关注，分析专利信息的手段从最初的人工阅读并进行绘图，发展到现在使用计算机文本挖掘进行可视化，使得技

---

① Lee S，Kang S，Park Y and Park Y，"Technology Roadmapping for R&D Planning：The Case of the Korean Parts and Materials Industry"，*Technovation*，Vol. 27，No. 8，2007，pp. 433－445.

② Lichtenthaler U，"Technology Exploitation in the Context of Open Innovation：Finding the Right 'Job' for Your Technology"，*Technovation*，Vol. 30，No. 7－8，2010，pp. 429－435.

③ Vishnevskiy K，Karasev O and Meissner D，"Integrated Roadmaps For Strategic Management and Planning"，*Technological Forecasting and Social Change*，Vol. 110，2016，pp. 153－166.

术发展态势以一种更直接的方式呈现。[①] 不仅如此，专利信息与技术路线图的结合，也促使传统的专利分析和专利地图逐渐向"专利路线图"转变。[②]

对科技文献进行情报分析曾经是寻找技术创新机会和识别风险的方式之一，[③] 但受制于当时文本分析的技术条件，其分析结果对于决策的帮助也十分有限。专利文档是一种具有法律、商业、技术等多个维度的文档，因此通过专利文档来构建技术路线图，需要专门的情报分析工具。Lee 等人提出了一种技术驱动（Technology-driven）的路线图制图方法，通过专利分析结合网络分析的可视化手段描述技术从研发阶段到市场阶段的发展状态。在该方法中，专利情报分析为技术路线图的绘制提供了许多必要的要素，最终为提升技术能力的相关决策提供帮助。[④] 类似的，有的研究通过从专利中提取关键词的方式，形成了评价技术优先级的专利地图，并进

① Jin G, Jeong Y and Yoon B, "Technology-driven Roadmaps for Identifying New Product/market Opportunities: Use of Text Mining and Quality Function Deployment", *Advanced Engineering Informatics*, Vol. 29, No. 1, 2015, pp. 126 – 138.

Kim J, Park Y and Lee Y, "A Visual Scanning of Potential Disruptive Signals for Technology Roadmapping: Investigating Keyword Cluster, Intensity, and Relationship in Futuristic Data", *Technology Analysis & Strategic Management*, Vol. 28, No. 10, 2016, pp. 1225 – 1246.

Salvador M R and López-Martínez R E, "Cognitive Structure of Research: Scientometric Mapping in Sintered Materials", *Research Evaluation*, Vol. 9, No. 3, 2000, pp. 189 – 200.

Suh J H and Park S C, "Service-Oriented Technology Roadmap (SoTRM) Using Patent Map for R&D Strategy of Service Industry", *Expert Systems with Applications*, Vol. 36, No. 3, 2009, pp. 6754 – 6772.

② Jeong Y, Lee K, Yoon B and Phaal R, "Development of a Patent Roadmap Through the Generative Topographic Mapping and Bass Diffusion Model", *Journal of Engineering and Technology Management*, Vol. 38, 2015, pp. 53 – 70.

Jeong Y and Yoon B, "Development of Patent Roadmap Based on Technology Roadmap by Analyzing Patterns of Patent Development", *Technovation*, Vol. 39 – 40, 2015, pp. 37 – 52.

Lee S, Yoon B, Lee C and Park J, "Business Planning Based on Technological Capabilities: Patent Analysis for Technology-driven Roadmapping", *Technological Forecasting and Social Change*, Vol. 76, No. 6, 2009, pp. 769 – 786.

Suh J H and Park S C, "Service-oriented Technology Roadmap (SoTRM) Using Patent Map for R&D Strategy of Service Industry", *Expert Systems with Applications*, Vol. 36, No1. 3, 2009, pp. 6754 – 6772.

③ Salvador M R and López-Martínez R E, "Cognitive Structure of Research: Scientometric Mapping in Sintered Materials", *Research Evaluation*, Vol. 9, No. 3, 2000, pp. 189 – 200.

④ Lee S, Yoon B, Lee C and Park J, "Business Planning Based on Technological Capabilities: Patent Analysis for Technology-driven Roadmapping", *Technological Forecasting and Social Change*, Vol. 76, No. 6, 2009, pp. 769 – 786.

一步构建出用于"服务导向"（Service-oriented）的技术路线图。该路线图具有评价技术优先级的作用。[1] 而当专利分析方法和情报分析工具得到改进时，技术路线图可以反映并挖掘出更多的信息用于决策。[2] 通过专家组的方式能够有效考察市场的技术需求并在其基础上做出战略规划。由专家组进行专利分析并对可能的专利侵权风险及专利价值做出评估，这是构建技术路线图的重要部分。[3] 另外 Jeong 等人提出了一种专利文本挖掘和研讨会相结合的专利路线图构建方法，一方面使用专利文本挖掘的方法提取出关键词，另一方面则通过专家评分机制来分析专利发展的态势。[4]

专利路线图和技术路线图类似，都具有发现新兴技术机会和识别技术风险的功能；但区别在于，由于专利具有排他性，所发现的机会一般是未布局专利的技术领域，而所识别的技术风险往往是专利侵权的风险。专利路线图主要有两类应用：一是通过趋势分析预测未来技术发展和专利布局态势，二是通过关键词频次和聚类分析发现关键技术领域。科技论文和专利是文本聚类的重要信息来源，通过时序分析能够可视化地展现出技术发展的动态变化，由此可发现新兴技术领域并识别相应的技术商业化机会。[5] 在制作专利路线图的过程中，提取关键词和制作专利地图是形成路线图中节点和层次的重要步骤，结合巴斯扩散模型（Bass Diffusion Model）还可以使专利路线图具有预测专利布局的功能。[6] 关键词统计和文本聚类的信息来源还可以进一步扩展，如同时对技术、市场、产品这三个层次的

① Suh J H and Park S C, "Service-oriented Technology Roadmap（SoTRM）Using Patent Map for R&D Strategy of Service Industry", *Expert Systems with Applications*, Vol. 36, No. 3, 2009, pp. 6754 – 6772.

② Jin G, Jeong Y and Yoon B, "Technology-driven Roadmaps for Identifying New Product/market Opportunities：Use of Text Mining and Quality Function Deployment", *Advanced Engineering Informatics*, Vol. 29, No. 1, 2015, pp. 126 – 138.

③ Lee S, Kang S, Park Y and Park Y, "Technology Roadmapping for R&D Planning：The Case of the Korean Parts and Materials Industry", *Technovation*, Vol. 27, No. 8, 2007, pp. 433 – 445.

④ Jeong Y and Yoon B, "Development of Patent Roadmap Based on Technology Roadmap by Analyzing Patterns of Patent Development", *Technovation*, Vol. 39 – 40, 2015, pp. 37 – 52.

⑤ Shibata N, Kajikawa Y and Sakata I, "Extracting the Commercialization Gap Between Science and Technology – Case Study of a Solar Cell", *Technological Forecasting and Social Change*, Vol. 77, No. 7, 2010, pp. 1147 – 1155.

⑥ Jeong Y, Lee K, Yoon B and Phaal R, "Development of a Patent Roadmap Through the Generative Topographic Mapping and Bass Diffusion Model", *Journal of Engineering and Technology Management*, Vol. 38, 2015, pp. 53 – 70.

相关文档进行文本分析，并结合质量功能展开的分析方法构建技术路线图。[①] 有的研究则是结合技术专家意见及专利数据来制作技术路线图，这种方法难度较高。[②] 在有的文献中，专利分析或专利地图也可和其他方法如情景分析方法、德尔菲法、研讨会等结合起来用于构建技术路线图。如专利分析与情景分析的结合可以有效地预估和规划未来技术的发展，这是由于专利信息为了解创新形成提供了重要支撑，而情景分析则为未来分析提供了可靠的分析思路。[③]

相对于通用的技术路线图，专利路线图有其独特的特点和应用优势。除了具有预测和规划作用之外，专利路线图还能以可视化方式展示技术竞争态势。在某一技术领域中，展示的关键要素包括主要专利权人、重要的技术领域、各个技术领域的专利布局趋势等。这一优势有效地帮助利益相关者了解发展趋势并为决策做出支撑。这也是专利路线图对于企业而言具有重要的战略意义的原因。

第三节　高铁产业发展及"走出去"相关研究

一、高铁技术创新机制

技术创新是中国高铁产业实现发展并"走出去"的基本保障，中国高铁产业的快速发展历程已经证明：完善的技术创新机制能够引导相关产

---

① Jin G, Jeong Y and Yoon B, "Technology-driven Roadmaps for Identifying New Product/market Opportunities: Use of Text Mining and Quality Function Deployment", *Advanced Engineering Informatics*, Vol. 29, No. 1, 2015, pp. 126 – 138.

② Yu X, Hu H, Chen X, Hu Y and Wang Y, "Technology Road Mapping for Innovation Pathways of Fibrates: A Cross-Database Patent Review", *Tropical Journal of Pharmaceutical Research*, Vol. 14, No. 8, 2015, pp. 1459 – 1467.

③ Saritas O and Burmaoglu S, "Future of Sustainable Military Operations under Emerging Energy and Security Considerations", *Technological Forecasting and Social Change*, Vol. 102, 2016, pp. 331 – 343.

业在引进学习国外先进技术的基础上进行再创新。① 赵建军等人认为中国高铁产业的技术创新机制包括动力机制和运行机制两部分。② 陈雨薇通过案例实证研究分析得出,中国高铁在技术创新上取得成功,得益于政府主导的集成创新模式。在中国特有的国情背景下,集成创新模式能够有效地集中和配置资源,并将市场与产业进行对接,从而在技术取得进步的同时还能够及时将其在市场上进行转化。③ 这种模式主要体现为,政府牵头统筹和整合整体产业链,组建多个国家实验室和国家重点实验室展开基础研究,以四方、长客、唐车等龙头企业为技术创新主体,配套大量生产工厂作为技术骨干,并组织相关企业参与生产链的合作。④

由政府主导的另外一大特色就是众多的大学和科研院所参与创新。郭乃正等人运用灰色关联分析法对高铁产业的产学研合作模式展开了风险分析,得出结论认为合作过程中的风险分担在很大程度上影响着各个利益相关者的参与程度,并最终对合作绩效产生影响。⑤ 此外,成果转换机制也是整个技术创新机制不可缺少的一环。创新成果产业化是科技创新过程的终点站。中国企业的技术转化能力和科研院所的技术产出潜力没有得到充分运用,需要政府的积极引导和相关政策的支持来打通整个产业链并对关联企业产生辐射作用,从而刺激产业发展。⑥ 从投入产出的角度,张国安等人研究了高铁技术创新机制中的效益环节,并认为最终市场效益是评价高铁技术创新绩效的重要指标,通过效益的表现可以进一步对技术创新机制的构建做出调整。⑦ 如果说中国高铁技术创新的一大特点是"政府支撑"的话,工程实践和运用中所产生的需求对技术创新的作用则是"市场拉动",而技术本身的发展产生的作用是"技术推动",由此形成了中

---

① 卿三惠、李雪梅、卿光辉:《中国高速铁路的发展与技术创新》,《高速铁路技术》2014 年第 1 期。

② 赵建军、郝栋、吴保来、卢艳玲:《中国高速铁路的创新机制及启示》,《工程研究 - 跨学科视野中的工程》2012 年第 1 期。

③ 陈雨薇:《中国高铁的政府主导集成创新模式研究》,哈尔滨工业大学 2014 年硕士学位论文,第 27—30 页。

④ 沈志云:《论我国高速铁路技术创新发展的优势》,《科学通报》2012 年第 8 期。

⑤ 郭乃正、程庆辉:《高速铁路技术创新的产学研合作风险分析》,《科技进步与对策》2010 年第 19 期。

⑥ 于燮康:《从中国高铁谈科技成果产业化进程》,《电子工业专用设备》2010 年第 8 期。

⑦ 张国安、苏坚、崔忠东:《高速铁路工程项目技术创新效益机制研究》,《科技进步与对策》2010 年第 19 期。

国高铁技术路线图的理论构建基础。张镇森等人总结了面向重大铁路工程项目的技术创新机制，认为该机制是从创新构想产生到成果应用的循环往复的过程。[①]

二、高铁专利发展态势

专利计量和情报挖掘分析是研究高铁专利发展态势的主要方法。在分析维度上，一般地会从技术生命周期、技术功效矩阵、关键词共现、专利家族及专利法律状态等方面展开分析。[②] 而在分析视角上，通常会将国内与国外技术状况进行对比，分析国内和国外高铁专利发展的联系和区别。[③] 目前，一些研究会针对高铁技术展开总体的专利分析。如黄鲁成等人对全球的高速铁路专利数据进行了竞争态势分析，并就高速铁路的技术创新发展提出对策建议。[④] 通过对专利信息展开挖掘和分析，能够得到有效信息并将其应用到高铁企业"走出去"的专利预警分析中。[⑤] 党晓捷运用专利计量方法对高铁整体产业链的专利信息展开了分析，在专利计量的基础上建立了预警分析模型，并使用了熵权法和层次分析法对高铁出口专利风险展开了评价。[⑥]

此外，有许多现有文献针对高铁技术的分支技术展开专利分析。其中一些从情报学理论的角度来展开研究，如对制动技术、齿轮箱技术等的分析。[⑦] 还有一些则是从政策导向的角度来展开相应研究，如对减振控制技

---

① 张镇森、王孟钧、陆洋：《面向铁路工程项目的技术创新模式与运行管理机制研究》，《管理现代化》2013 年第 2 期。

② 张帆、张娴：《高速车辆系统减振控制技术创新活动分析与对策研究》，《科技管理研究》2012 年第 21 期。

③ 闫晓苏、李凤新：《我国高速铁路的技术创新之路——基于专利数据的统计分析》，《科学观察》2013 年第 5 期。

④ 黄鲁成、高姗、吴菲菲、苗红：《基于专利数据的全球高速铁路技术竞争态势分析》，《情报杂志》2014 年第 12 期。

⑤ 谢凯：《基于专利分析的我国高铁出口风险预警研究》，华中科技大学 2016 年硕士学位论文，第 23—24 页。

⑥ 党晓捷：《我国高铁技术专利预警分析》，北京理工大学 2016 年硕士学位论文，第 3—4 页。

⑦ 冯灵、袁晓东：《我国高铁制动领域专利分散实证研究》，《情报杂志》2014 年第 12 期。罗先盛、吴永杰：《国外轨道交通齿轮箱专利信息分析》，《情报探索》2017 年第 11 期。

术的分析。① 从技术内容角度分析的研究涉及转向架技术、终端切换技术等领域。② 有一部分研究则从专利布局的角度来分析高铁的关键技术，如动车组技术、牵引技术、交通管理技术、定位技术、车体技术、牵引变流器技术、铁路隧道技术、通信技术、轨道板技术等，基本上涵盖了高铁产业链主要的技术领域。③ 从上述这些高铁技术相关专利信息研究中可以看出我国高铁技术的发展趋势和演化路径，这对于产业发展具有非常重要的指导意义。

三、高铁产业竞争策略

在建设"一带一路"的背景下，国内研究在高铁如何实现"走出去"方面已形成了大量的文献。吕铁等就对高铁"走出去"相关的政策制定和调整进行了深入研究，并认为在未来"走出去"的进程中应针对目标国家特点而采取有差别的策略，应首先面向有高铁建设需求的国家，然后面向需要展开合作洽谈的国家。④ 卢琪对"一带一路"沿线国家展开了SWOT 分析并使用 K-means 聚类算法对沿线国家进行分类，从而进一步提出高铁"走出去"的策略建议。⑤ 通过对主要国家市场进行细分，能够区

① 张帆、张娴：《高速车辆系统减振控制技术创新活动分析与对策研究》，《科技管理研究》2012 年第 21 期。

② 柳玲：《中国高速转向架技术专利分析》，载《2012 年中华全国专利代理人协会年会第三届知识产权论坛论文选编（第二部分）》，2011 年 6 月。张岩子：《高速移动下的终端切换技术专利分析》，《中国新通信》2015 年第 16 期。

③ 李文超、彭茂祥、董丽、林霖、刘海燕：《高速动车技术全球专利发展态势研究》，《中国发明与专利》2015 年第 1 期。董丽、彭茂祥、万振中、李文超、陈湖北：《高速列车牵引技术全球专利布局综合分析》，《中国发明与专利》2015 年第 2 期。阮文、谢岗：《高速铁路交通管理领域中国专利申请分析》，《中国发明与专利》2011 年第 8 期。姚远达、郎志涛、孙晶晶：《高速铁路列车定位技术专利分析》，《中国发明与专利》2011 年第 8 期。杨姝、曹之晨：《国内外高铁车体领域专利布局对比分析》，《中国发明与专利》2017 年第 9 期。黄玉清：《我国高速列车牵引变流器技术专利分析与发展建议》，《中国发明与专利》2011 年第 8 期。张冰华、李全晓、张旭波：《我国高速铁路隧道技术专利分析》，《中国发明与专利》2011 年第 8 期。蔡萍、张涛、陈海琦：《我国高铁通信技术专利分析与发展趋势》，《中国发明与专利》2011 年第 8 期。罗习秋：《中国高速铁路轨道板技术专利分析与发展建议》，《中国发明与专利》2011 年第 8 期。

④ 吕铁、黄阳华、贺俊：《高铁"走出去"战略与政策调整》，《中国发展观察》2017 年第 8 期。

⑤ 卢琪：《促进中国高铁产业"走出去"的策略研究——基于"一带一路"战略的视角分析》，安徽大学 2016 年硕士学位论文，第 24—28 页。

分不同国家的特点和高铁需求，并使得中国高铁在"走出去"的过程中更具有针对性。根据市场性质来划分，国际高铁主要市场可以划分为招标型、预期盈利型、远期利益型和战略型，对于这些不同类型的市场应当根据实际情况采取适宜的专利策略，如进攻、防御、调控等。① 西南交通大学校长徐飞更是指出，尽管中国高铁"走出去"的前景非常好，但在实际中真正实现落地的并不多，因此需要深入剖析高铁的潜在市场特点、需求差异、价值认同、强国博弈等十大挑战。②

而除了摸清潜在高铁市场的需求，未来的竞争态势发展及市场时机选择也不可忽视。孙嘉言等人使用企业生态位指标对国际高铁市场中的竞争程度展开了衡量。③ 熊勇清等人使用了"潜在国家市场吸引能力"和"新兴产业现有发展水平"两个维度指标对国际市场展开了等级评价。④ 在众多国际市场中，中东欧国家是检验中国高铁产业"走出去"能力的重要市场之一，中国企业应当做好应对欧盟激烈的市场竞争和复杂严苛的各项技术标准的准备。⑤ 而在东南亚市场的竞争同样激烈，中国企业在"走出去"过程中应当重视营销策略的制定。⑥ 总体而言，中国高铁具有成本优势，但面对复杂多变的国际市场，应当在输出产品和服务的同时注意输出标准。⑦ 刘战鹏对高铁国际市场拓展战略展开了研究，认为中国高铁在国际化的过程中可以充分总结国内高铁建设和运营的经验教训，并针对国际市场特点选择吸收部分模式用于海外高铁市场的建设，如政府主导、企业执行、金融支撑的三位一体模式。⑧

尽管在目前国际范围内并未出现太多的关于高铁的专利诉讼，但在"走出去"过程中仍不可忽视这一问题。在已有的中日高铁企业竞争过程

---

① 刘云、桂秉修、王晓刚、谢凯：《中国高速铁路实施"走出去"战略的专利策略》，《科研管理》2017 年第 S1 期。

② 徐飞：《中国高铁"走出去"的十大挑战与战略对策》，《人民论坛·学术前沿》2016 年第 14 期。

③ 孙嘉言、余金城、邓小鹏：《国际高铁企业生态位测度与分析》，《决策探索》2017 年第 9 期。

④ 熊勇清、刘霞：《新兴产业进入国际市场的决策分析模型及其应用》，《软科学》2016 年第 5 期。

⑤ 高运胜、尚宇红：《中国高铁产业投资中东欧国家竞争力分析——基于修正钻石模型的视角》，《广东社会科学》2017 年第 1 期。

⑥ 刘晓亮：《中国高铁东南亚市场营销策略研究》，北京交通大学 2014 年硕士学位论文，第 36—39 页。

⑦ 胡海晨、林汉川、陈廉：《中国高铁国际化发展的影响因素与对策》，《企业经济》2017 年第 9 期。

⑧ 刘战鹏：《中国高铁开拓国际市场的战略研究》，黑龙江大学 2015 年硕士学位论文，第 62—63 页。

中，就出现过所谓"中国抄袭论"等舆论攻击，这归根结底还是中国高铁在海外的专利布局不足。[①] 因而在面向国际开展贸易时，中国高铁企业除了要做好专利侵权抗辩的准备外，还应当积极扩大海外专利布局、加强国内企业之间协作并共同促进国际共赢。[②]

第四节　现有研究述评

一、技术路线图与专利路线图研究小结

总的说来，以往的各类技术路线图研究尝试综合技术、市场、产品等不同层面的信息，对企业、政府等组织的战略决策起到了很大的支撑作用。但是需要注意的是，传统技术路线图的研究重点较多关注"技术推动"和"市场拉动"这两方面信息，对于专利信息的利用还不够充分，未能在技术路线图中展示专利权人对于某个技术领域的专利布局争夺情况。另外，在竞争态势分析方面，现有研究更多的是依赖专家意见来对竞争态势做出评判和预测，专利信息和专利地图较少直接作为技术竞争决策的依据。特别是在以往的专利路线图研究中，专利都仅仅作为技术的一项指标，专利所反映的法律信息和市场信息则未被考虑。总结专利路线图的文献，如表 2-14 所示。

表 2-14　技术路线图相关研究比较

	技术路线图	专利路线图现有文献	本书计划改进的专利路线图
主要目标	目标较为宽泛	与专利相关的一些目标	与专利战略相关的一些目标
考虑视角	技术推动和市场拉动	技术发展与专利发展之间的关系	- 产业发展与整体专利发展 - 企业专利布局与技术竞争 - 技术创新与生命周期管理 - 市场选择与综合评价

---

① 李昱晓、黄玉烨：《中国高铁驶出国门的专利战略研究》，《科技管理研究》2015 年第 22 期。

② 唐学东：《中国高铁"走出去"之专利战略展望》，《北京交通大学学报》（社会科学版）2016 年第 1 期。

续表

	技术路线图	专利路线图现有文献	本书计划改进的专利路线图
专利数据的作用	较少考虑专利信息	反映技术发展的一项指标	可用作反映产业发展、技术竞争、创新预测、市场布局等多方面的指标
制图方法	定性方法：专家评判、研讨会、访谈、情景分析等 定量方法：质量功能展开、层次分析法、社会网络分析法、情报计量分析法等	主要基于定量分析方法，使用专利计量和专利文本挖掘等方法	- 专利计量分析法 - 专利知识图谱法 - 技术生命周期法 - 主成分分析法
主要应用	- 预测和规划 - 为决策提供支撑 - 寻找机会 - 识别风险	- 专利与技术预测 - 研发规划 - 企业决策支撑 - 发现技术创新机会 - 识别技术风险	- 专利总体发展分析 - 竞争态势分析 - 专利侵权风险识别 - 技术创新与专利布局机会预测 - 市场进入选择 - 企业专利战略决策支撑
优势	- 多样化的构图方法和应用方式 - 多人协作完成	- 分析结果能够得到专利数据支撑 - 能够更加准确地针对技术问题 - 更丰富的可视化方式	- 更科学、全面的专利分析方法 - 专利分析与路线图构建的联系更加紧密 - 更加有效地针对产业发展中的各项问题
不足	- 专利技术相关信息不够明晰 - 缺乏针对性	- 专利信息未得到充分利用 - 缺少对竞争关系的考虑 - 直观地可视化仍有改进空间	- 需要考虑产业发展中的更多视角 - 需要进一步加强与产业实践的联系

　　针对现有研究所存在的这些问题，本书除了尝试依靠专利分析和专利地图等手段来直观表现产业关键信息（如总体专利发展情况、技术竞争态势等）之外，还尝试使用一些定量的分析方法（如技术生命周期分析、主成分分析等）从专利数据和其他关联数据中获取与高速铁路产业相关联的重要信息。在这个思路的基础上本书拟提出几种新型的专利路线图，包括对应的概念框架、构建方法和应用方法。新提出的专利路线图将使用可视化的方式展现丰富的产业关键信息，这些关键信息将进一步与企业、科研机构、政府等高铁产业相关组织的专利战略决策联系起来。

二、高铁产业研究小结

总的说来，国内外文献关于高铁产业的研究主要集中在技术创新机制、专利情报分析和竞争策略分析三个方面。这些方面涉及高铁产业发展中面临的许多问题，对于产业实现稳定发展和获取竞争优势具有重要意义。具体地，这三类研究的特点比较如表2-15所示。

表2-15 高铁产业相关研究比较

	技术创新机制	专利情报	竞争策略
主要研究内容	在组织内部探寻影响技术创新产生和发展的因素，并以此为基础构建技术创新模式、技术创新管理制度和创新促进策略	从大量的高铁产业专利数据中挖掘和分析具有实际意义的关键信息，并探讨对关键信息的运用，如重要决策支撑、技术发展态势预测、创新方向引导、专利风险规避等	基于各个学科的视角来探寻高铁产业获得竞争优势的办法和途径或者研究高铁产业未来的发展方向
考虑视角	国内研究更加注重政府主导的集成创新模式、创新协同模式及产学研模式	国外研究更注重专利信息在高铁技术预测上的应用，而国内研究更注重专利风险规避和创新挖掘的应用	国外研究主要涉及高铁与航空运输的竞争关系问题、高铁对于旅游业及宏观经济发展的影响问题及高铁服务管理问题等，而国内研究主要涉及如何推动中国高铁产业的国际化进程以及在与国际高铁企业竞争过程中提升竞争优势和能力
研究方法	国外这方面研究较少，而国内研究较多，主要是通过案例研究构建技术创新机制的相关理论框架，描述性研究较多	国外研究与国内研究均采用专利计量及可视化分析，但国外研究偏重使用数据挖掘算法而国内研究更多是使用简单的专利统计分析	国外研究：偏重定量研究方法，如实证研究、建模分析等国内研究：偏重定性研究方法，如案例分析、比较分析、政策规范分析等
主要结论	国外这方面研究较少，国内研究主要提出了以政府为主导、构建政产学研的协同创新模式	国外方面主要是提出了新的专利信息分析方法，得出技术演进路径的规律；国内则是通过专利信息发现潜在风险	国外研究大多认为航空运输与高铁有共存空间，并能够共同带动经济发展；国内研究则认为中国高铁"走出去"需要加强自主创新

续表

	技术创新机制	专利情报	竞争策略
研究亮点	对中国高铁创新模式的发展提出了一些新的设想	在对铁路专利的分析中引入了一些新的方法	指出了中国高铁产业发展及"走出去"过程中所存在的一些问题
研究不足	与产业发展需求及实际情况联系较弱，在发展方向上还不够明确	对专利信息的利用还不够充分，对于高铁产业发展所形成的对策建议较少	高铁产业的发展机制和竞争优势获取途径缺乏实证研究的支撑

从现有的高铁产业研究中可以看出，大部分研究已经关注到了产业发展过程中的一些关键问题，对于指引产业下一步的发展有许多帮助。但是需要指出的是，现有的大部分研究采用的是定性研究的相关方法，缺乏使用定量方法展开的深入分析；此外，在产业战略规划方面，缺乏有效的工具对未来情景展开预测分析。

三、研究联系与方向

尽管从整体看来，专利（技术）路线图研究与高铁产业研究是两个不同的研究领域，但这并不意味着它们是两个相互孤立和隔绝的研究范畴。作为重要的管理工具和方法，专利（技术）路线图能够汇集、分析、提炼产业相关信息，从而为产业顶层管理设计、决策机制、战略规划等方面提供支撑。中国高铁产业的发展及"走出去"是当前国内关注的热点，需要重点考虑国际市场形势、国际化竞争策略以及产业特点等方面，因此离不开科学、有效的分析方法来对上述方面展开研究。

第三章 专利路线图构建及
应用的理论基础

专利信息作为兼具技术信息、法律信息、经济信息、管理信息、战略信息、情报信息等多个维度的信息组合，自其产生以来便与产业发展有着密切的关联。通过检索、统计、分析、整合、制图等步骤，能够从这一巨大的信息组合中挖掘并提取出有用的关键信息。在如今数据量呈指数型增长的"大数据"时代，单单凭借经验和主观感知进行分析已经显得有心无力，因而越发需要系统性和科学性的信息处理和分析工具。在技术路线图运用得较为成熟的当前阶段，国内外各大组织机构在实践中展开了许多富有成效的尝试，并且其中有小部分主体在尝试运用专利信息制作专利路线图。但总体而言，相关理论发展的不足导致实践运用仍存在着不足和局限性。基于此，本章试图在技术路线图的基础上进一步发展专利路线图的相关理论基础，对这一工具的构建及应用进行深入归纳、总结并展开深入的实证研究。在这一理论基础上，第四章到第七章则以理论联系实际的方式探讨不同类型专利路线图制定及应用的具体流程。

第一节 专利路线图的概念界定

一、专利路线图的定义

就目前而言，对于"专利路线图"（Patent Roadmap）并没有一个明确的定义和概念范围。学界和实务界更多关注的是与其相似的另一概念——"技术路线图"。孟海华将技术路线图定义为用于未来技术发展规划的具有时间特征的多层结构图。① 这一定义主要是从技术路线图的应用和表现形式展开，并且强调的是技术创新的应用导向。自从"技术路线图"的相关概念及方法于 1987 年由 Willyard 和 McClees 公布以来，便在产业界的许多领域中得到了广泛运用，并且在运用过程中不断产生出新的概念，使得技术路线图的概念得到了很大程度的发展。② 不仅如此，在学术界技术路线图也发挥了巨大的作用，被用来指引科学发现。③ 在发展过程中，技术路线图作为一项技术评估工具被多个产业所使用，并用于技术预测和关键技术识别④，目前已有研究可见于再生铝⑤、磁铁矿综合利用⑥、清洁能源⑦、重型数控机床⑧、制造业⑨、新能源汽车⑩和机器人⑪等诸多产业中。

但需要注意的是，尽管技术路线图得到了广泛认可，但其不足也十分明显。⑫ 其中一大问题在于其构建过程依赖专家评判，存在因主观性太强导致的可靠性降低的风险。⑬ 此外构建流程单一还会使得技术路线图缺乏

① 孟海华：《产业技术路线图研究》，中国科学技术大学 2009 年博士学位论文，第 5 页。

② 张颖：《湖北大重型数控机床产业技术路线图研究》，华中科技大学 2010 年博士学位论文，第 2—4 页。

③ Galvin R，"Science Roadmaps"，*Science*，Vol. 280，No. 5365，1998，p. 803.

④ 李剑敏：《基于产业技术路线图的产业关键技术识别及其创新模式研究》，暨南大学 2015 年博士学位论文，第 3—5 页。

⑤ 曹朋冲：《基于技术路线图的我国再生铝行业关键技术的研究》，重庆大学 2011 年硕士学位论文，第 6—7 页。

⑥ 李兴华：《攀枝花钒钛磁铁矿综合利用技术路线图研究》，昆明理工大学 2011 年博士学位论文，第 1—8 页。

⑦ 刁磊：《清洁能源产业的技术路线图研究》，大连理工大学 2010 年硕士学位论文，第 3—5 页。

⑧ 张颖：《湖北大重型数控机床产业技术路线图研究》，华中科技大学 2010 年博士学位论文，第 6—8 页。

⑨ 赵博：《基于技术路线图的我国制造业低碳突破性创新战略规划研究》，哈尔滨理工大学 2016 年博士学位论文，第 19—21 页。

⑩ 张海波：《我国新能源汽车产业技术路线图研究》，武汉理工大学 2012 年硕士学位论文，第 4—6 页。

⑪ 冯宇：《珠三角地区工业机器人产业现状分析与技术路线图设计》，哈尔滨工业大学 2010 年硕士学位论文，第 13—14 页。

⑫ 张炎生：《基于 GMITK 模型的产业技术路线图方法研究》，华南理工大学 2011 年硕士学位论文，第 9—11 页。

⑬ 刘传林：《技术路线图制定流程及其控制机制研究》，中国科学技术大学 2010 年硕士学位论文，第 8—10 页。

灵活性，不能针对产业特点进行个性化定制。① 随着专利分析技术的不断发展，专利信息挖掘等定量分析方法逐步被引入技术路线图中，在弥补技术路线图不足的同时发挥出新的优势，因而产生出"专利路线图"这一新概念。② 然而，现有文献对专利路线图所开展的研究并不多，仅有 Jeong 等人在 2015 年展开了相关研究，并提出了基于定量模型而构建的专利路线图。③

在现有文献的基础上，本书对"专利路线图"做出如下定义：专利路线图是一项帮助制定和实现专利战略规划及决策的管理方法，能够以可视化方式展示并指出与专利战略相关的关键信息。基于该定义，本书进一步从特征、功能和基本结构等方面对专利路线图进行阐述。

二、专利路线图的特征

总的说来，专利路线图具备以下几个特征。①目标性。技术路线图的构建通常是为了完成某项任务或实现某个目标，即强调目标导向，而专利路线图在此基础上更加强调运用专利信息，因此专利路线图的构建目标通常都很明确，例如总体专利发展情况分析、辨析竞争态势、专利挖掘或专利导航、市场布局决策等。②多层次性。而针对这些具体任务或目标，专利路线图将其逐层分解成几个不同的维度展开分析（例如技术类别、产品类别、需求和研发目标），并在分析这几个维度的基础上将目标与现实情况联系起来，以此建立行动方案。③动态性。在多层次结构的基础上，各个分析维度随着时间发展而产生变化，因而使得专利路线图具有动态性特征。专利路线图通过展现出动态变化并对其展开分析从而对未来发展状况进行预测和评估。④可视性。专利路线图最终是以可视化的形态展现，从而方便在利益同盟者之间传播，因此是一项有效的可视化管理工具。其

① 刘江：《技术路线图导向的知识网络协同建立方法及系统》，浙江大学 2010 年硕士学位论文，第 20—22 页。

② Jeong Y and Yoon B, "Development of Patent Roadmap Based on Technology Roadmap by Analyzing Patterns of Patent Development", *Technovation*, Vol. 39 – 40, 2015, pp. 37 – 52.

③ Jeong Y, Lee K, Yoon B and Phaal R, "Development of a Patent Roadmap Through the Generative Topographic Mapping and Bass Diffusion Model", *Journal of Engineering and Technology Management*, Vol. 38, 2015, pp. 53 – 70.

可视化构建一般是在专利信息挖掘的基础上，或者是可视化展现专利信息与其他类别信息的联系。⑤多变性。根据目标和考虑的层次不同，专利路线图在整体上的表现形式和构建方法都会有许多不同。专利路线图可按照决策者的需求和目标能够随时进行更新和改正，因而能灵活处理不同的问题以适应形势变化。

三、专利路线图的结构与功能

总体而言，专利路线图的基本结构主要包括以下几个要素。

（1）维度。选择维度是专利路线图构建过程的第一步，主要维度通常包括时间序列、技术、市场、组织等，其选择最终决定了专利路线图如何展现。一般地，维度在专利路线图中的分布可以说是横向或是纵向的；但如果维度较多，也可以在专利路线图中以一定规律的形式展现，如表现为节点或连线上的某一个特征或者用标注指出。与技术路线图类似的，在专利路线图中维度分布也呈现多层次的状态，但专利路线图中的维度主要与专利信息相关。

（2）节点。节点是专利路线图中的活动要素，在既定维度框架的限定下，节点的排布具有规律性，既有随时间变化的运动状态，也有相互之间产生联系的行为。节点在专利路线图中可以代表很多信息，如国别、专利权人、时间节点等。

（3）连线。连线在专利路线图中是用来表示节点与节点之间、维度与维度之间或者节点与维度之间关系的要素。而其在图中的表现形式可以具有多样性，不仅可以体现为不同的形状，也可以用不同颜色来加以区分。

（4）标注。标注在专利路线图中用来对维度、节点、连线这几个要素进行说明。其没有固定表现形式，通常是和其他要素结合起来表现，如用直线和虚线来对连线进行区分、用不同颜色对节点进行区分或者用文本对维度含义进行说明等。

专利路线图在许多领域都能发挥其重要作用。主要的功能有以下几种。①能够有效地把不同维度信息聚集并整理在一起。通过搭建汇集和交流信息的平台，专利路线图客观地分析和识别各个维度的发展规律以及相互之间的联系，提升了分析效率。②能够从总体层面展示多个维度的发展情况。以可视化的形式，专利路线图将多个维度的信息用最精炼的方式展现出来，能够让使用者在非常短的时间内直观地了解总体发展情况。③能够对技术发展方向、市场形势、企业前景等做出预测。通过对信息的分析，专利路线图从各个维度已有的发展情况中基于科学方法总结发展规律和特征，并用于未来发展的预测。④能够提供用于决策的关键信息。关键信息是专利路线图针对决策者的具体需求或目标展开分析而获得的，一方面体现为与决策者关联度高的信息，另一方面则是准确有效的预测结果。因而专利路线图大大改进了传统单一决策所存在的主观性及片面性等不足。除了以上几种功能之外，专利路线图还有许多扩展功能有待挖掘。

第二节　专利路线图的主要类型

一、根据构建方法划分

专利路线图的最大特点就在于其形式的多变性，因而可以随着构建方法的变化而产生不同类型的表示图形。构建方法通常分为定性方法和定量方法。前者主要依据专家意见、集体讨论、头脑风暴等方式提供构建路线图所需的信息，而后者则是通过使用一定的数学模型产生关键信息的方式。

定性方法同样可以适用于专利路线图的构建，并且对于专利路线图的质量提升有很大帮助。常见的定性方法包括德尔菲法、田野调查、比较法等，这些方法都可以实现专利路线图的构建。德尔菲法能够汇总专家预测意见，具有集思广益、综合全盘考虑等特点，在专利路线图中能够对专利信息做出一定程度的补充。田野调查是对“直接观察法”的实践和应用，具有联系最新进展、获取第一手资料等特征，同样也是获取信息的重要来源。比较法是常用的定性方法，能够帮助决策者认识产业发展过程中各类现象的异同，帮助把握其中的实质性问题和规律。

可用于专利路线图的定量方法有很多，其中一些在专利数据的基础上运用专利信息分析的相关方法能够与专利路线图的构建完美契合，并进一步制作出专利地图使得信息可视化，如主题生成法（Latent Dirichlet

Allocation)、主谓宾结构分析（Subject-Action-Object）、主成分分析（Principal Component Analysis）、因子分析法（Factor Analysis）、神经网络分析（Artificial Neural Networks）、社会网络分析（Social Network Analysis）等。[①] 通过运用这些方法能够产生不同类型的专利路线图。

二、根据使用主体划分

和技术路线图类似，专利路线图可适用的使用主体十分广泛，包括政府机构、事业单位、产业联盟、企业、高校、科研院所、个人等。其中，使用得较多的是政府、产业联盟和企业。[②] 政府使用专利路线图的出发点主要是发挥其政策主导作用来构建政产学研的协同创新模式，因而一般可以将制定路线图的方式用于科技战略规划和关键项目排序，并将路线图以公开的方式向大众发布。产业联盟使用专利路线图的出发点主要是发挥其产业引导作用、促进联盟成员之间的协作，因而一般可以将制定专利路线图的方式用于产业专利池的构建、产业发展规划、资源信息共享等，并将路线图以成员共享或部分公开的方式发布。企业使用专利路线图的出发点主要是制定企业自身发展战略规划以提升竞争能力，因而一般可以将制定专利路线图的方式用于企业自身发展定位、技术研发管理、市场营销策略设计等方面，并将路线图以商业秘密的形式在企业内部发布。

除了上述三种常见主体外，其他主体也会挖掘专利路线图的应用潜力，特别是那些具有创新需求的主体。如高校和科研院所，可以使用专利路线图规划整体的专利布局发展方向，并从专利路线图中挖掘可快速抢占的技术机会；事业单位可以将专利路线图运用到工作规划中，从中发现具有合作潜力的专利权人；个人可以将专利路线图运用到创新创业中，从中发现具有商业价值的机会，或者将其运用到科学研究中，从中发现潜在的研究空白领域。

---

① 金磊：《企业技术路线图制定的方法研究与应用》，华中科技大学 2013 年硕士学位论文，第 7—11 页。

② 朱星华、蒋玉涛：《产业技术路线图的广东实践及对政府科技计划管理的建议》，《中国科技论坛》2008 年第 6 期。

三、根据应用目标划分

维度是专利路线图重要的组成要素，所考虑维度的不同是专利路线图应用目标的主要体现，因此当维度发生变化时，专利路线图所对应的应用目标也会发生变化。通常专利路线图所考虑的维度主要包括技术、市场、竞争主体、政策、标准等，而专利路线图的应用目标则是与这些维度相关的实践问题。正如同技术路线图的构建理念是基于"技术推动"和"市场拉动"一样，专利路线图可以将这些应用目标视为路径形成的作用力。

基于这些目标，不同导向类型的专利路线图便可以产生。①技术创新导向，即通过专利路线图的应用来实现对研发活动和技术发展的推动。②市场竞争导向，即通过专利路线图来实现竞争优势的获取和市场份额的提升。③政策规划导向，即发挥专利路线图在政策制定和行业规划中的优势。④标准设定导向，即通过专利路线图来发挥技术标准的一些功能，以实现产业结构调整、精益管理、促进技术兼容和融合等。以上这些应用目标类型并非专利路线图的全部，随着产业升级和技术、经济等方面的进一步发展，新形成的应用目标使得更多的专利路线图出现。

四、根据应用范围划分

作为一种管理工具，专利路线图有其具体的应用范围。和技术路线图类似，应用于产业规划是专利路线图的主要应用方式，包括产业政策制定、产业战略规划等。然而其应用范围并不局限于这一类，还可以在实践发展的基础上进一步扩展，如在企业技术管理、研究机构科学研究规划、技术交易和许可等领域专利路线图都能够发挥其重要功能和作用。

具体而言，在扩大的应用范围中专利路线图的使用方式可以表现为：①建议企业技术管理规章制度，即专利路线图能够与企业技术管理活动联系起来并帮助企业设立技术管理制度以及相应工作流程，从而产生用于企业技术管理的专利路线图；②辅助基础科学研究计划的制定，即在科学研究活动中专利路线图能够帮助显示现有技术的发展水平，从而能够帮助避免重复研究并产生用于科学研究的专利路线图；③制定技术交易和许可策略，即专利路线图还可以被应用于技术交易和技术许可证等活动中，帮助找出交易及许可机会，并识别对应风险，从而形成用于技术交易和许可策略制定的专利路线图。

第三节 专利路线图理论构建

一、专利布局与产业总体发展

产业发展规划需要从对象产业的自身特点和实际情况出发，在充分考虑宏观发展环境的基础上，为对象产业设计未来愿景和目标、自身定位、产业系统组成、产业结构、空间布局等，并最终形成切实有效的行动方案。在提升市场占有率和应对竞争风险等因素的作用下，产业在国际化进程中的发展更多地以专利布局的形式展现。① Kostoff 和 Schaller 的科技路线图理论认为产业的充分发展需要建立在信息指导的基础上。② Kim 等人在对微弱信号理论（Weak Signal Theory）的讨论中指出，通过提取到的关键词等一些细微信息可以探寻到产业中的创新轨迹。③ 因而在专利布局分析中，一些关键分析指标不仅能帮助分析某个技术领域中的研发状况，而且能在产业发展层面提供政策制定支撑。④ 特别是通过专利信息对技术

① Hu A G, "Propensity to Patent, Competition and China's Foreign Patenting Surge", *Research Policy*, Vol. 39, No. 7, 2010, pp. 985 – 993.

② Kostoff R N and Schaller R R, "Science and Technology Roadmaps", *IEEE Transactions on Engineering Management*, Vol. 48, No. 2, 2001, pp. 132 – 143.

③ Kim J, Park Y and Lee Y, "A Visual Scanning of Potential Disruptive Signals for Technology Roadmapping: Investigating Keyword Cluster, Intensity, and Relationship in Futuristic Data", *Technology Analysis & Strategic Management*, Vol. 28, No. 10, 2016, pp. 1225 – 1246.

④ Liao P, Zhang K, Wang T and Wang Y, "Integrating Bibliometrics and Roadmapping: A Case of Strategic Promotion for the Ground Source Heat Pump in China", *Renewable and Sustainable Energy Reviews*, Vol. 57, 2016, pp. 292 – 301.

演化的分析，能够得出技术领域中的地位分布。① 此外，由专利布局信息所反映出的专利活动情况也是产业开展研发规划、制定研发策略的重要参考。②

结合产业战略规划过程中涉及的多方面内容，包括产业内外部影响因素、产业市场结构、竞争格局及产业中长期的发展预估等，可以看出在高科技产业发展过程中专利布局是不可或缺的重要部分，并且通过专利信息能够切实地了解到从过去到当前对象产业的发展过程和趋势。因而，专利路线图能够在分析大量信息的基础上提炼出主要的关键信息，并主要使用定量方法实现产业的精准规划。特别是对于中国高铁轨道技术相关产业领域，在其 "走出去" 过程中专利路线图具有重要应用意义。

二、竞争状态与竞争态势

竞争态势预测是在一定信息综合的基础上对产业领域内的竞争态势发展进行展望和预示的分析过程，常见于各类市场分析报告的竞争结构分析部分中。此外，竞争态势矩阵也是用于分析竞争态势的重要分析方法。在技术发展的作用下，国家和行业层面的创新政策制定面临着提升竞争能力的挑战。③ 波特教授在其 "竞争三部曲" 中提出了许多关于竞争战略与竞争优势的理论，如 "五力模型"、价值链理论、钻石理论、三大基本战略框架等。④ 但许多竞争分析工具缺少客观证据的支撑，因而在竞争状态评价和竞争态势预测等方面难以达到预期效果。基于定量的角度，通过专利计量可以对竞争状态进行描述，并进一步地对竞争态势发展进行预测。⑤

---

① Park S, Kim J, Lee H, Jang D and Jun S, "Methodology of Technological Evolution for Three-dimensional Printing", *Industrial Management & Data Systems*, Vol. 116, No. 1, 2016, pp. 122 – 146.

② Zhang F and Zhang X, "Patent Activity Analysis of Vibration-reduction Control Technology in High-speed Railway Vehicle Systems in China", *Scientometrics*, Vol. 100, No. 3, 2014, pp. 723 – 740.

③ Grobbelaar S, Gauche P and Brent A, "Developing a Competitive Concentrating Solar Power Industry in South Africa: Current Gaps and Recommended Next Steps", *Development Southern Africa*, Vol. 31, No. 3, 2014, pp. 475 – 493.

④ 〔美〕迈克尔·波特：《竞争战略》，乔晓东等译，中国财政经济出版社 1989 年版，第 70—73 页。迈克尔·波特：《竞争优势》，陈小悦译，华夏出版社 2005 年版，第 33—51 页。迈克尔·波特：《国家竞争优势》，李明轩、邱如美译，华夏出版社 2002 年版，第 65—73 页。

⑤ Banerjee P, Gupta B M and Garg K C, "Patent Statistics as Indicators of Competition an Analysis of Patenting in Biotechnology", *Scientometrics*, Vol. 47, No. 1, 2000, pp. 95 – 116.

此外，专利地图、社会网络、语义挖掘等都是开展竞争分析的手段。①

而在产业规划中，精准地把握竞争态势发展趋势能够有效地做出战略规划决策和分配资源，因此具有重要意义。出于抢占市场和限制竞争对手的目的，专利权人会在竞争对手专利动态的基础上展开专利布局，因而专利信息中蕴含了关于竞争的关键信息，通过专利路线图能汇总关键信息，对技术领域中的竞争状态进行识别并对竞争态势发展进行预测。

三、专利导航下的技术创新指引

专利导航是指在大量科学文献和专利文档数据的基础上对专利布局进行指导性规划，主要为产业的关键技术发展方向提供科学依据和支撑。从生命周期的视角来看，创新的发展基本按照一定的轨迹运行，相应的专利申请活动也遵循一定的生命周期规律。② 这使得产品创新与过程创新的演变过程都具有阶段性和周期性的特征。③ 此外，对专利布局实现导航还需要对关键的新兴技术进行识别。④ 一方面可以通过文本挖掘的方式锁定关键专利⑤，

① Leydesdorff L and Bornmann L, "Mapping (USPTO) Patent Data Using Overlays to Google Maps", *Journal of the American Society for Information Science and Technology*, Vol. 63, No. 7, 2012, pp. 1442 – 1458.

　Hung S and Wang A, "Examining the Small World Phenomenon in the Patent Citation Network: A Case Study of the Radio Frequency Identification (RFID) Network", *Scientometrics*, Vol. 82, No. 1, 2010, pp. 121 – 134.

　Yoon J, Park H and Kim K, "Identifying Technological Competition Trends for R&D Planning Using Dynamic Patent Maps: SAO-based Content Analysis", *Scientometrics*, Vol. 94, No. 1, 2013, pp. 313 – 331.

② Munari F and Toschi L, "Running Ahead in the Nanotechnology Gold Rush. Strategic Patenting in Emerging Technologies", *Technological Forecasting and Social Change*, Vol. 83, 2014, pp. 194 – 207.

③ Lizin S, Leroy J, Delvenne C, Dijk M, De Schepper E and Van Passel S, "A Patent Landscape Analysis for Organic Photovoltaic Solar Cells: Identifying the Technology's Development Phase", *Renewable Energy*, Vol. 57, 2013, pp. 5 – 11.

④ Yoon J and Kim K, "An Analysis of Property-function Based Patent Networks for Strategic R&D Planning in Fast-moving Industries: The Case of Silicon-based Thin Film Solar Cells", *Expert Systems with Applications*, Vol. 39, No. 9, 2012, pp. 7709 – 7717.

⑤ Yoon J and Kim K, "Identifying Rapidly Evolving Technological Trends for R&D Planning Using SAO-based Semantic Patent Networks", *Scientometrics*, Vol. 88, No. 1, 2011, pp. 213 – 228.

另一方面则可以通过专利地图的方式实现①。由此可见，专利信息对研发活动及创新政策制定具有一定的指导作用。基于该思路，专利路线图可以通过整理和汇集与创新相关的数据来进行构建，然后通过流程图、甘特图等可视化方式展现分析结果，从而实现专利导航和创新挖掘的功能。

四、对不同国家的出口和专利布局

产业的发展与市场选择及布局有着密不可分的关系。在国际范围内专利制度具有地域性，这使得不同国家间的专利保护机制存在着很大的差异。在发达国家，专利保护强度对研发活动和国内专利申请活动产生积极影响，并对国外专利申请活动产生负面影响；而在发展中国家，专利保护强度对国内专利申请活动产生负面影响。② 此外，知识产权保护强度是影响企业决策的重要因素。③ 而且与之相对应的，不同国家的市场性质和产业政策往往也存在许多不同，这使得企业在性质各异的市场中所实施的专利战略也不得不有所变化以求适应发展。按照工业化程度，跨国专利的布局国家可分为工业化国家、工业化发展中国家以及新兴工业化国家。④ 产品出口与专利布局之间有着极大的关联，而且产品出口是评价专利活动的一种有效方式。⑤ Archontakis 等人对 OECD 国家的分析结果显示，更高的出口额增加了被目标国模仿的风险，而出口国的专利布局规模则可以对该风险有一定抑制作用。⑥ 通过结合对专利数据和市场相关数据的分析，专

① Yoon J, Park H and Kim K, "Identifying Technological Competition Trends for R&D Planning Using Dynamic Patent Maps: SAO-based Content Analysis", *Scientometrics*, Vol. 94, No. 1, 2013, pp. 313 – 331.

② Allred B B and Park W G, "Patent Rights and Innovative Activity: Evidence from National and Firm-level Data", *Journal of International Business Studies*, Vol. 38, No. 6, 2007, pp. 878 – 900.

③ Ivus O, "Does Stronger Patent Protection Increase Export Variety Evidence from US Product-level Data", *Journal of International Business Studies*, Vol. 46, No. 6, 2015, pp. 724 – 731.

④ Frietsch R and Schmoch U, "Transnational Patents and International Markets", *Scientometrics*, Vol. 82, No. 1, 2010, pp. 185 – 200.

⑤ Frietsch R, Neuhäusler P, Jung T and Van Looy B, "Patent Indicators for Macroeconomic Growth—the Value of Patents Estimated by Export Volume", *Technovation*, Vol. 34, No. 9, 2014, pp. 546 – 558.

⑥ Archontakis F and Varsakelis N C, "Patenting Abroad: Evidence from OECD Countries", *Technological Forecasting and Social Change*, Vol. 116, 2017, pp. 62 – 69.

利路线图能够以可视化的方式展现出不同国家市场的特点，并为产业采取合适的专利策略、产业布局等方案提供指引。

第四节 构建专利路线图的基本流程

一、准备阶段

在开始构建专利路线图之前，首先应当明确描述该路线图对应的业务需求和目标的内容，从而使构建流程都能准确遵循这些内容而进行，并最终使得专利路线图的功能与这些需求和目标相对接。进行对接的效果将作为判断专利路线图构建是否成功的依据。例如，制定与中国高铁产业相关的专利路线图，就可以从已有的产业政策出发，结合其他宏观政策分析产业发展的目标。

其次，应当寻找和筛选有效的信息源作为构建专利路线图的基础，根据研究规划来确定获取数据和信息的途径。对于技术创新信息，应当优先考虑一些专业而强大的专利数据库，如德温特创新索引、Innography 专利数据库、智慧芽专利数据库、合享新创专利数据库等。对于经济信息，可以选择权威机构的数据库，如世界银行、世界贸易组织、联合国等机构的公开数据库。此外也可以考虑组建一个专门的技术专家团队，由其提供专业的技术意见和指导。

最后，应当事先选择好构建专利路线图的方法。针对特定情况，专利路线图的构建方法有许多选择，通常可以根据产业发展目标并结合情况特点自定义构建方法。而在本书的高铁专利路线图构建中，产业的主要目标是实现高铁整体产业链的"走出去"，因此可以从专利计量、竞争优势、技术生命周期、市场综合评价等方面展开分析并绘制相应可视化图表。

二、要素整理和分析阶段

要素整理和分析阶段是专利路线图构建过程中的重要环节，主要是为最终的图形展示提供分析基础和科学依据。具体而言主要包括以下几个步骤。

（1）获取产业目标相关的要素信息。要素信息指的是用于专利路线图构建的并与分析目标具有密切联系的关键信息，通常以数据、图表或注释文本表示。为了获取要素信息，需要从已知的信息源中展开搜集工作，并需要一定的搜集策略。如为了对高铁产业的技术创新展开分析，可以从相应的专利数据库中检索和分析高铁专利数据，并通过数据清洗工具对无关数据进行筛选和排除。

（2）对获得的要素信息进行分类和排序。在 "大数据" 时代，通过搜集得到的要素信息可能是大量且杂乱无章的，需要展开一定的分类和排序工作。分类是指根据要素信息的性质和特点将所有的要素信息区分为几个相对独立的信息集合，而排序则是对这几个信息的重要性做出确认。

（3）对各类要素信息展开分析。在分析过程中，与产业需求和目标有关的所有方面都要被纳入考虑范围。此外，应根据实现分析目标的难易程度和可行性确定适宜的分析方法，如对专利著录项目可使用专利计量分析、对专利文本可使用文本挖掘文献、对专利时间序列数据可使用 S 型曲线模型分析等。通过分析，可以发现产业发展各方面的驱动因素，这些分析结果可进一步被用于专利路线图的绘制过程中。

三、绘图阶段

专利路线图的绘图遵循的基本思想是，在一定时期内，展示目标产业的发展规律和影响机制。通过可视化图表的方式可将大量的重要信息加以展示并从中进一步挖掘未来发展方向的指引信息。这是非常关键和具有挑战性的工作，最终形成的图形结果很有可能对产业结构和发展路径产生重大影响。因此在绘图阶段，专利路线图的构建主要按照以下几个步骤进行。

（1）规划整体布局。专利路线图的整体布局有很大的自主性和灵活性，但也可有一定的范式。如从规划的角度来设计整体布局，就可以将时间跨度划分为 "年度区间"、"多年度区间"，或者是抽象的时间跨度（如长期、短期、中期等）。

（2）选取布局要素。为了提升专利路线图的质量，妥善选择信息要素并将其转化为布局要素是绘图阶段的重要工作。如根据信息要素的排序，可以将专利路线图的维度设置为多个层次以容纳布局要素的摆放。

（3）完成整体图形绘制。通过设计模板和框架、对各项基本要素进行布局等工作，确定专利路线图最终的展示图形。所完成的专利路线图应当能够反映各维度的发展过程及趋势，并能够发现其中存在的主要驱动因素。

四、反馈与完善阶段

专利路线图的构建并不是一蹴而就的过程，在构建过程中难免会发生一些问题，如疏漏重要信息、分析方法应用错误或者数据测量误差等。这些问题很容易导致所完成的专利路线图与产业实际情况相脱节。因此在一定时间内，专利路线图需要反复修改和完善，从而能够适应产业实际情况的快速变化。

反馈和完善阶段的主要目的是发现所完成的专利路线图与实际情况之间的知识差距，并总结下一步的行动方案。如果市场、技术、竞争对手、政策等方面在一定时间内发生变化，所完成的专利路线图因为信息不对称或者获取时滞等问题导致适用性下降，可通过与产业利益相关者之间的交流反馈对专利路线图展开修正，从而使得专利路线图恢复在产业发展指导中的应用能力。

此外在完成专利路线图的构建后，还需要展开相应工作。例如：①展开专利路线图的运行效果评价，包括优势劣势、应用中遇到的挑战和困难、所遗漏和忽视的领域等；②讨论在未来应用中该专利路线图的应用方向，如如何产生配套管理制度及流程、适用的业务领域、影响成功实施的促进因素和阻碍因素；③制定产业下一步发展的战略规划，即在专利路线图的基础上进一步制定切实可行的产业发展战略规划，包括具体的行动方案。

本章小结

本章在技术路线图相关理论的基础上，对专利路线图的定义、类型、构建流程以及主要应用展开了介绍。除了系统性地对专利路线图进行理论构建外，还对专利路线图与技术路线图的联系和区别、专利路线图在产业发展中的适用性、专利路线图的未来发展做出了详细分析。由此可以看出，专利路线图是具有辅助战略规划、技术预测、市场决策等实用功能的管理工具和方法，能够将产业的多个维度联系起来，并提炼和展示大量而复杂的关键信息。通过结合国内外对技术路线图应用的成功经验和不足，本章提出的专利路线图理论构建包括专利布局与产业总体发展、竞争状态与竞争态势、专利导航下的技术创新指引、出口和专利布局四个方面的内容，在后面几章中将以此为基础构建不同类型专利路线图并对相关理论做出进一步解释和说明。

第四章 高速铁路轨道技术总体专利分析及策略思考

第一节 专利预检索分析

一、分析目标

本章的主要目标是对高速铁路技术中的轨道技术领域展开全球范围内的专利检索和计量分析，并为后面其他类型专利路线图的进一步分析奠定基础。在本章中，对专利数据的分析旨在了解国内外专利权人在高速铁路轨道技术领域的专利布局情况，包括关键技术、重要布局国家、重要专利权人、专利竞争状况等，最终在分析结果的基础上，形成高速铁路轨道技术的产业总体专利路线图。

二、数据来源与分析方法

1. 数据来源

在本书中，进行专利分析所使用的数据来源于一些知名的商业数据库，具体信息如表 4 – 1 所示。

而在这些数据库中通常会提供一些常用的专利著录项目数据的统计，具体包括的基础指标如表 4 – 2 所示。

表 4 - 1　主要专利数据库对比

数据库名称	主要功能及特点	在文中的主要作用
智慧芽专利数据库	- 整合全球 100 多个国家或地区 1.2 亿项专利数据 - 界面简洁且检索效率高 - 能够提供多种检索方式帮助查全查准 - 通过设置搜索条件来进行高精度的检索 - 快捷语义检索和关键词检索 - 各专利配有相应的全文翻译和图文对照	检索中国和国际专利并导出分析数据,展开总体专利分析
SOOPAT 专利数据库	- 包含 108 个国家或地区超过 1.3 亿项专利文献,时间跨度超过 350 年 - 同时支持中文输入和英文输入 - 具有高可靠性、高速度、高安全性等优点 - 系统信息丰富并且易于操作	对专利检索结果进行补充和验证
合享新创专利数据库	- 为国际专利提供了中英文双语的标题和摘要 - 为中国、美国、俄罗斯(包括前苏联)、德国等重要国家专利提供中英文双语的全文信息 - 支持中文、英文和小语种检索全球专利 - 多维度深入加工数据,检索字段 240 个以上 - 提供同族库检索和统计	对专利检索结果进行检查和补充
大为专利数据库	- 国家/地区的代码化全文和小语种翻译 - 具有独特的增值数据 - 基于协同创新的专题库功能 - 自有的专利评价指标	提供专利权人名称、国籍等信息
德温特专利数据库	- 收录 20 多个国家、地区和国际组织的专利数据 - 独有的专利族、引证频次指标 - 由专家改写和引的标题和摘要 - 独有的专利权人代码及手工代码体系	检索国外专利并导出分析数据,用于文本挖掘分析

表 4 - 2　主要专利著录项目指标

类别	著录项目名称	具体含义及用途
(1)文本	专利标题	表明专利文档的简短语句,用于概括单件专利的主要技术内容
	摘要	提供专利内容梗概的描述,简明地对专利主要特征进行说明
	权利要求	提供专利技术方案的描述,用于定义技术在法律上的保护范围
	说明书	专利说明书是对发明或者实用新型的结构、技术要点、使用方法做出清楚、完整的介绍,它应当包含技术领域、背景技术、发明内容、附图说明、具体实施方法等项目
	附图说明	对专利说明书中附图的简短介绍

续表

类别	著录项目名称	具体含义及用途
（2）权利人	发明人	用于指出对专利相应发明创造的产生具有贡献的自然人
	申请人	指的是向专利主管部门提交专利申请的自然人、法人或其他组织
	专利权人	指的是对专利具有相应权属的自然人、法人或其他组织
（3）日期	申请日	专利递交给专利局时的具体日期
	公告日	递交的专利申请说明书由专利局公开时的具体日期
	优先权日	作为向其他国家或地区申请专利基础的某个国家第一次专利申请的申请日
	授权日	专利申请从专利局获得授权的具体日期
（4）号码	申请号	专利局受理专利申请时给予该申请的一个标识号码
	公开号	在专利申请过程中，尚未取得专利授权之前，专利局公开专利时的编号，表示该专利已经在受理过程中
	专利号	专利申请获得授权后，原有的专利申请号变为专利号
（5）分类号	IPC 分类号	国际通用的对专利文献进行分类的体系，也是帮助检索的工具
	美国专利分类号	美国专利商标局依据技术主题而为专利文档设立的一套分类体系
	CPC 分类号	美国专利商标局和欧洲专利局合作设立的一个分类体系
（6）其他	专利引证文献	专利引文是指在专利文件中列出的与本专利申请相关的其他文献

2. 分析方法

本章所采用的专利分析方法主要是在检索得到的专利数据的基础上，使用一系列的专利统计指标来进行定量分析，并使用可视化图表加以展示。除了常用的著录项目统计指标外，还可以参考 OECD 所采用的一些专利指标。[①] 常见的一些经典专利分析指标如表 4－3 所示。[②]

表 4－3　OECD 专利分析指标

指标名称	具体内涵	主要作用
专利数量	在某个或多个限定条件下（如特定时间、专利权人、受理局、技术领域内）的累计专利件数	通过设定基本限定条件来统计、组合、对比、评估相应的技术创新水平、发展趋势等

---

①　张丽玮、邵世才、魏海燕、朱东华、汪雪锋：《OECD 专利分析指标》，《情报科学》2009 年第 1 期。

②　党倩娜：《专利分析方法和主要指标》，2005 年，http：//www. istis. sh. cn/list/list. aspx? id = 2402，2018 年 1 月 21 日访问。

续表

指标名称	具体内涵	主要作用
专利布局活动指数	专利权人在某个技术分支的专利申请量与整体产业链所布局专利量之比	评估专利权人在整体产业链的竞争环境中所处的创新地位
同族专利指数	在不同国家或地区申请或公布且具有共同专利优先权的专利组合所拥有的专利数量	1. 从专利布局层面反映专利所具有的价值； 2. 描述专利权人所进行布局的地域范围； 3. 反映潜在的市场战略
专利成长率	专利数量在一定情形下所反映的专利发展程度，计算公式为：某段时间区间内的专利数量÷上个时间区间内的专利数量	描述该时间区间专利发展的幅度，可以用来反映技术创新的趋势是增长还是减缓
引证指数	某件专利被其他专利所引用的绝对总次数	从引证层面反映专利所具有的价值，即具有高引证次数的专利具有基础性技术或领先技术的特征，在技术发展过程中处于核心技术或位于技术交叉点
即时影响指数	专利权人前五年的当年被引次数÷产业链中所有专利前五年的当年被引次数的平均值	如果实际被引用数与平均值相等，当前影响指数即为1。指数大于1，说明该技术有较大影响；小于1，则说明影响较小
总体技术强度	专利数量×当前影响指数（CII）	通过对专利数量进行影响力加权，评估专利权人的专利组合价值
相对专利产出率	专利权人在某个技术领域的专利申请量÷产业链中全部专利权人的申请量	判断和描述专利权人在产业链中所处的竞争地位，该指数越高说明竞争地位越高
技术重心指数	专利权人在某技术领域的专利申请量÷该专利权人所有的全部专利申请量	判断和描述专利权人的主要技术方向和研发重点
科学关联性	专利权人在某个技术领域内平均每件专利所引证的科学论文或专利的数量	描述和评估专利技术创新与科学研究之间的关系
技术生命周期	专利权人所引用专利的专利年龄的中位数	评估企业进行技术创新的速度或适应新技术的灵敏程度，指标低说明该技术较为前沿且创新周期短
科学力量	专利数量与科学关联性的乘积	描述专利权人对基础研究的转化程度以及研发活跃程度

三、技术定义与检索策略

（1）技术定义

根据中国铁路总公司于 2017 年发布的《高速铁路轨道工程施工技术规程》，我国高速铁路轨道工程建设所使用的技术为无砟轨道，其概念定义为"以混凝土等整体结构为轨下基础的轨道结构"。另外，2010 年由当时中国铁道部发布的《高速铁路轨道工程施工技术指南》（行业标准）将其定义为"用整体混凝土结构代替传统有砟轨道中的轨枕和散粒体碎石道床的轨道结构"。此外，无砟轨道主要包括三大结构类型，即板式、长枕埋入式和弹性支承式。①

（2）检索策略

本章进行专利检索的主要目标是对国内和国外的高速铁路轨道技术展开整体的专利信息分析，以从宏观层面展现该技术的发展状况。具体而言，所制定的检索策略如下。①检索中国专利使用检索式为"（TAC：（（高速铁路 or 无砟 or 无碴 or 高速列车 or 动车组）and 轨道）NOT MIPC：（G1 ＊ OR G0 ＊ OR B61F ＊ OR H0 ＊ OR B62 ＊ OR B33 ＊ OR A0 ＊ OR A2 ＊ OR A4 ＊ OR A6 ＊ OR A9 ＊））NOT IPC：（G0 ＊ OR H0 ＊ OR F0 ＊）"，在智慧芽专利数据库中执行检索，检索结果为 2989 件，合并同族得到中国专利 2470 件。②检索国际专利使用检索式为"（（（TAC：（high speed rail ＊）OR TAC：（high speed train）OR TAC：（rapid transit train）OR TAC：（rapid transit rail ＊）OR TAC：（bullet train）OR TAC：（express rail ＊）OR TAC：（express train）OR TAC：（fast moving train）OR TAC：（fast move ＊ train）OR TAC：（fast rail ＊）OR TAC：（quick rail ＊）OR TAC：（rapid rail ＊）OR TAC：（rapid train）OR TAC：（ballastless OR non-ballasted OR non-gravel））AND TAC：（track OR trackage OR trackway）NOT APN：（CN ＊））NOT MIPC：（G1 ＊ OR G0 ＊ OR B61F ＊ OR H0 ＊ OR B62 ＊ OR B33 ＊ OR A0 ＊ OR A2 ＊ OR A4 ＊ OR A6 ＊ OR A9 ＊））NOT IPC：（G0 ＊ OR H0 ＊ OR F0 ＊）"，同样是在智慧芽专利数据库中执行检索，检索结果为 6514 件，合并同族得到国际专利 4504 件。

---

① 殷明旻、刘桢和：《高速铁路轨道结构》，载《中国铁道学会铁道工程分会线路委员会 2000 年学术研讨会论文集》，2000 年，第 95—100 页。

第二节　中国高速铁路轨道技术
专利总体状况分析

通过针对高速铁路轨道技术展开相应的专利计量分析，能够从总体发展的视角了解这一技术领域目前处于怎样的发展趋势、该领域中有哪些活跃的专利权人、技术发展的总体状况如何，从而大致确定中国高铁轨道技术相关产业的专利布局在国际范围中的地位。

一、总体发展态势分析

专利数量随时间变化的指标常常被用在各类的专利信息分析中，基于折线图或者柱状图将分析结果进行可视化，可以展现出某个具体技术相应的专利发展动态。根据专利审批流程的特点，专利数量随时间变化的指标可分为专利申请趋势和专利公开趋势两类，前者根据专利文档的申请日来统计，后者根据公开日或公告日来进行统计。

高速铁路轨道技术专利在中国的申请发展趋势如图4-1所示，主要反映的是这一技术领域对应专利的整体申请状况。按照数量增长的转折点，图4-1中的专利申请发展大致可以划分为四个发展阶段。第一个发展阶段（1987—1999年）是这一技术发展的空白期，没有太多相关的专利产生。第二个发展阶段（2000—2007年）是这一技术领域发展的起步阶段，在这个时间段的相应专利申请较少。图4-1显示在2004年数量增长开始有所突破，到2007年时有一定的小幅增长。第三个发展阶段（2008—2012年）是这一技术领域的平稳过渡阶段，在这个时间段的相应专利申请数量的变动趋于平稳。在2012—2013年的数量下降显示高速铁路轨道技术正在酝酿新的创新。第四个发展阶段（2013—2018年）为这一技术的高速发展阶段，在这一阶段的专利申请出现了大幅度的增长。需要注意的是，由于专利审批过程中信息披露的滞后而导致数据不全，2016—2018年的数据并不能反映真实状况。

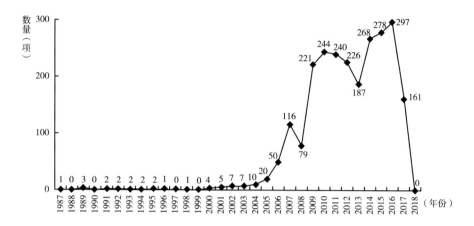

图 4 - 1 中国高速铁路轨道技术专利申请发展趋势

　　高速铁路轨道技术相应专利在中国的公开发展趋势如图 4 - 2 所示，时间跨度为 20 年，主要反映的是这一技术领域对应专利的整体公开状况。按照数量增长的转折点，图 4 - 2 中的专利公开发展可以大致划分为四个阶段。第一个发展阶段（1989—2003 年）是该技术领域专利公开的发展起步期，在这期间没有太多的专利公开且数量上没有太大波动。公开的主要是国外专利权人的同族专利。第二个发展阶段（2004—2011 年）为该技术领域专利公开的快速发展阶段，在这个发展阶段专利公开数量有了大幅度的增长。第三个发展阶段（2012—2013 年）是该技术领域专利公开的发展过渡阶段。高速铁路轨道技术在这一阶段遇到了发展瓶颈，但最后仍然产生了技术突破并引发了第二次的快速增长。第四个发展阶段（2014—2018 年）则为这一技术领域的二次增长阶段。图 4 - 2 显示这一阶段的技术得到了再次突破并得到了更高的专利增长。与专利申请发展趋势图相同的是，由于专利审批过程中信息披露的滞后而导致数据不全，2016—2018 年的数据并不能反映真实状况。

　　对比高速铁路轨道技术的专利申请和专利公开发展趋势可以看出，这两者的数量在近期都显现向上增长的态势，因此这一技术的发展按照技术生命周期理论来看正处于成长期阶段。

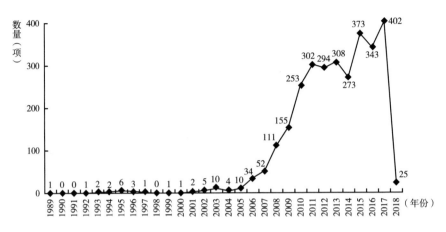

图4－2　中国高速铁路轨道技术公开专利发展趋势

二、中国高速铁路轨道技术专利主要技术类别发展分析

从小类层面来看，排名前二十的IPC（国际专利分类）如图4－3所示（详细的IPC分类见附录一，下同）。高速铁路轨道技术在中国的专利布局主要集中在E01B、E01D、B28B及B22C、B61D和C04B这几类。从高速铁路轨道技术的技术内容来看，这几个IPC分类（小类）是密切相关的，因而是这一技术领域的核心技术分支。除了这几个主要的IPC分类（小类）外，其他IPC分类也与这些主要IPC分类相关，是有可能产生新技术的相关领域。

深入到小组层级来看，排名前二十的IPC分类如图4－4所示。对比图4－3可以发现，图4－4中所列出的IPC分类（小组）都是前面所述主要IPC分类（小类）的对应分支，由此再次确认了这几个IPC分类（小类）是高速铁路轨道技术领域中的核心内容。从图4－4中可以看到，IPC分类（小组）除了E01B29/00、E01B1/00、E01B2/00、E01B35/00和B28B7/22等几个相应专利数量较多外，其他的小组相互之间数量差距不大。

结合专利申请趋势来看，中国相关专利的核心IPC分类（小组）主要分布在2006年之后，具体分布如图4－5所示。其中E01B29/00、

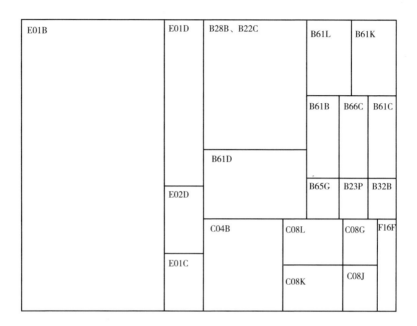

图 4 - 3　中国高铁轨道技术专利前二十 IPC 分类分布（小类）

E01B1/00 和 E01B2/00 等都保持着持续增长，而 E01B35/00 和 B28B7/22 也有相应专利的持续布局但相对而言数量较少。需要注意的是 E01B35/00 和 B28B7/22 在近几年的专利布局呈现下降趋势。

从对技术类别发展的分析可以看出，在中国范围内的高速铁路轨道技术发展起步晚，但是后期发展迅猛，是典型的后发式技术演化路径。但是要探索稳定可持续的发展路线，还需要进一步地基于专利信息对高速铁路轨道技术相关产业展开分析。

三、中国高速铁路轨道技术专利主要专利申请人发展分析

中国高速铁路轨道技术专利排名前十的主要专利权人如图 4 - 6 所示，分别为中铁二院工程集团有限责任公司、中铁第四勘察设计院集团有限公司、中国铁道科学研究院铁道建筑研究所、中铁二十三局集团有限公司、

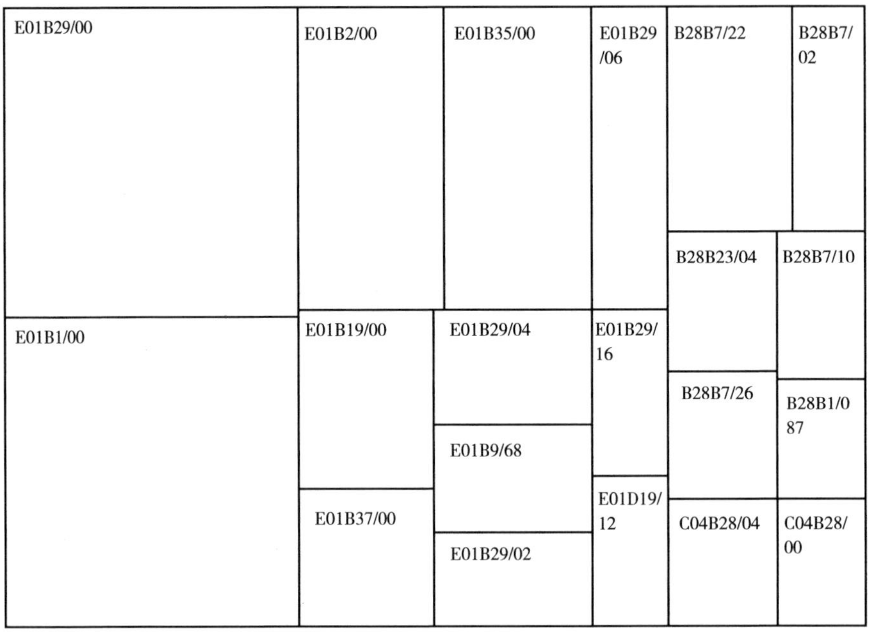

E01B29/00
E01B2/00
E01B35/00
E01B29/06
B28B7/22
B28B7/02
B28B23/04
B28B7/10
E01B1/00
E01B19/00
E01B29/04
E01B29/16
B28B7/26
B28B1/087
E01B9/68
E01B37/00
E01D19/12
C04B28/04
C04B28/00
E01B29/02

图 4-4 中国高铁轨道技术专利前二十 IPC 分类分布（小组）

E01B29/00
E01B1/00
E01B2/00
E01B35/00
B28B7/22
E01B29/06
E01B19/00
E01B37/00
B28B7/02
B28B23/04
专利数量（件）
200
150
100
50
0
1991
1992
1993
1994
1995
1996
1997
1998
1999
2000
2001
2002
2003
2004
2005
2006
2007
2008
2009
2010
2011
2012
2013
2014
2015
2016
2017
（年份）

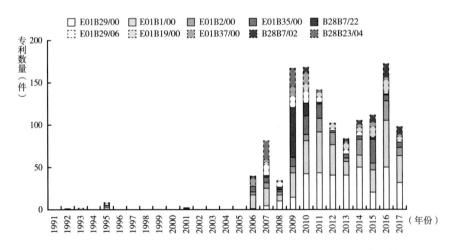

图 4-5 中国高铁轨道技术专利主要 IPC 分类（小组）的申请趋势

中铁第一勘察设计院集团有限公司、中铁八局集团有限公司、西南交通大学、中铁第五勘察设计院集团有限公司、秦皇岛老虎重工有限公司、中国铁道科学研究院，共计七家企业、一家高校和两家科研院所。在这前十的专利申请人中并未看到国外铁路巨头公司，由此可以看出国外轨道交通企业在中国布局的专利较少。

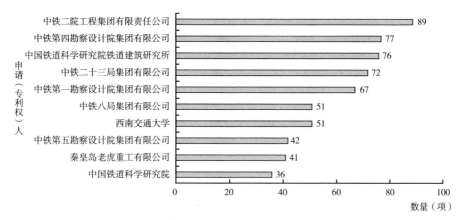

图 4 - 6 中国高速铁路轨道技术前十专利申请人排名

排名前十专利申请人各自的专利申请趋势如图 4 - 7 所示，主要反映的是这些专利申请人的申请趋势对比情况。从图 4 - 7 中可以看出，近些年专利申请较为活跃的主要是中铁二院工程集团有限责任公司、中铁第四勘察设计院集团有限公司、中国铁道科学研究院铁道建筑研究所、西南交通大学和中国铁道科学研究院。

结合技术分布来看，可以观察主要专利申请人进行申请的技术领域是哪些。前十专利权人所分布的 IPC 分类（小类）的分析结果如图 4 - 8 所示。由图 4 - 8 可知，前十专利申请人进行专利申请的技术类别主要集中在 E01B 上，其次是 E01D、C04B、E02D 和 E01C 上，但相对 E01B 而言这四个 IPC 分类（小类）所布局专利都不多。

通过对中国高速铁路轨道技术专利的主要专利申请人的分析可以看出，目前在中国高速铁路轨道技术的相应专利布局主要是掌握在国内的研发主体手中，这与中国的产业发展规划和贸易政策有一定的联系。

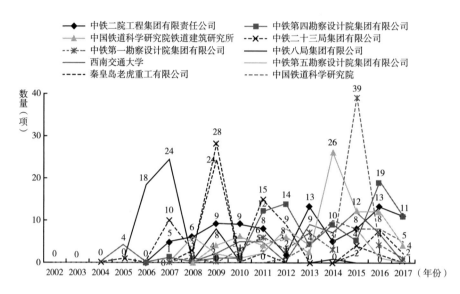

图4-7 中国高铁轨道技术前十专利申请人申请趋势

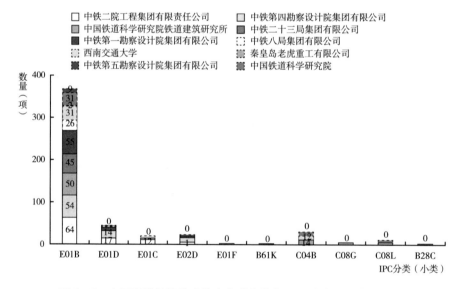

图4-8 中国高铁轨道技术前十专利申请人IPC分类（小类）分布

四、中国高速铁路轨道技术专利主要发明人团队发展分析

从专利统计的主要发明人团队分布来看，中国高速铁路轨道技术专利的发明人组成基本上是来自中国的研发人员，专利数量排名前二十的研发人员名单如图4-9所示。从图4-9中可以看出，产生专利最多的是钱振地的研发团队，共有122件专利；其次是林晓波和税卓平的研发团队，分别有67件和54件专利。其他人员的研发团队专利数量依次递减，但专利数量相差不大。

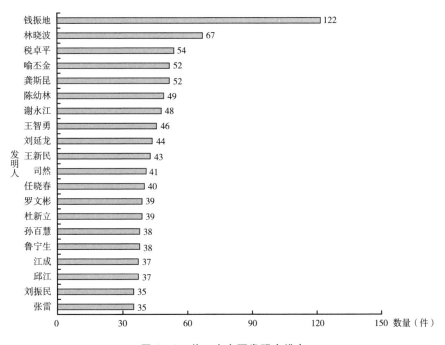

图4-9　前二十主要发明人排名

结合发明人团队和技术分布来看，研发人员对于技术类别具有非常明显的选择性。如图4-10所示，中国高速铁路轨道技术专利数量排名前二十的研发团队选择的技术类别主要集中在E01B上，其次是B28B，但后者选择申请专利的数量是前者的一半左右。而从图4-10中可以清楚地看

出，前二十的研发团队很少对图中其他的 IPC 类别（小类）进行申请专利。

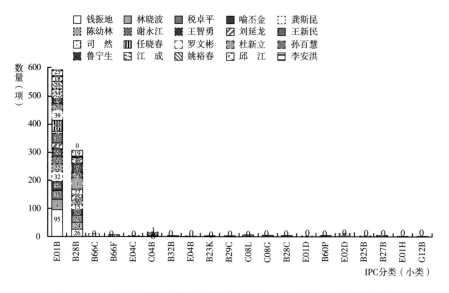

图 4 - 10　中国高铁轨道技术前二十发明人 IPC 分类（小类）分布

注：因有技术类别的限定，专利发明人的排名与图 4-9 有所差异。

通过对发明人团队的分析，进一步明确了高速铁路轨道技术的核心技术类别，同时也凸显出这一技术的许多非核心类别并没有展开充分的专利布局或者研发。

五、专利家族分布与法律状态分析

除了对专利发展趋势、主要专利权人、技术类别、发明人团队展开分析外，对专利家族分布和专利的法律状态的分析也不可或缺。所谓专利家族，就是一项技术基于优先权得到多个国家或地区的专利保护，从而形成的专利申请集合。所申请的专利在申请受理局中会留下相应记录，因而专利家族能够被统计分析。图 4 - 11 和图 4 - 12 所示分别是对高速铁路轨道技术对应中国专利的专利家族分布和专利法律状态的分析结果。

从图 4 - 11 的分析结果可以看出，中国专利对应的同族专利分布主要

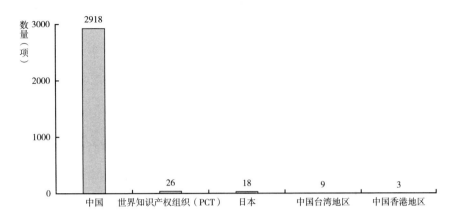

图4-11 中国高铁轨道技术专利对应专利家族分布

是在国内申请，其次是世界知识产权组织 PCT（专利合作条约）申请以及对日本、中国台湾地区、中国香港地区的相应专利申请。但后者与国内申请相比在数量上完全不具有可比性。这充分暴露了国内研发主体在海外专利布局方面的缺失。

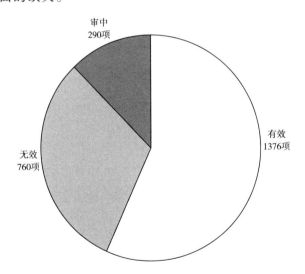

图4-12 中国高铁轨道技术专利法律状态

从图4-12显示的中国专利法律状态可以看出，目前高速铁路轨道技术的中国专利法律状态在"有效"、"审中"和"无效"这几种类别上的专利数量分别是 1376 项、290 项和 760 项。分析结果比较突出的特点是有一半以上的专利处于有效状态，但分析结果也显示出无效专利较多的问题。

第三节　高速铁路轨道技术国际专利总体状况分析

一、总体发展态势分析

对国际专利的检索同样是利用智慧芽数据库展开的，在检索的过程中排除了中国专利，因此相应的检索分析结果主要反映的是国外的技术发展趋势和状况。另外可通过对比中外的发展趋势，反映当前中国专利申请所处的发展阶段。

高速铁路轨道技术在国际上的申请发展趋势如图 4 - 13 所示，时间跨度为 1919—2017 年，主要反映国外研发主体的整体申请状况。按照数量增长的转折点，图 4 - 13 中的专利申请发展大致可以划分为七个发展阶段。第一个发展阶段（1919—1939 年）是这一技术领域发展的起步阶段。在这个时间段的专利申请较少。第二个发展阶段（1940—1957 年）、第四个发展阶段（1967—1973 年）及第六个发展阶段（1981—2008 年）均为这一技术领域的快速增长阶段，在这几个快速增长阶段国外技术开始取得突破，相应专利申请数量出现增长。第三个发展阶段（1958—1966 年）、第五个发展阶段（1974—1980 年）和第七个发展阶段（2009—2017 年）则为技术的过渡阶段。在这几个阶段国外技术进展较小，相应专利申请数量小幅波动，并且在经历完这些阶段后会迎来一波增长高峰。需要注意的是，由于专利审批过程中信息披露的滞后而导致数据不全，2015—2017 年的数据并不能反映真实状况。

国际方面高速铁路轨道技术相应专利的公开发展趋势如图 4 - 14 所示，时间跨度为 1919—2017 年，主要反映的是这一技术领域对应国际专利的整体公开状况。按照数量增长的转折点，图 4 - 14 中的专利公开发展可以大致划分为八个发展阶段。第一个发展阶段（1919—1938 年）是该

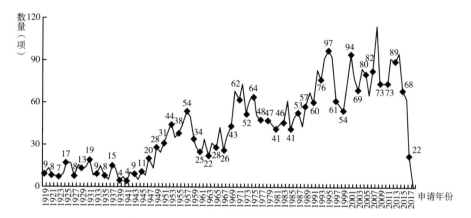

图 4-13　国际专利申请发展趋势

技术领域专利公开的初始发展阶段。在这一阶段已经形成了一定数量的专利，这说明在 1919 年之前已经有一定的技术基础。第二个发展阶段（1939—1961 年）、第四个发展阶段（1963—1975 年）、第六个发展阶段（1982—1996 年）均为国外专利公开的快速发展阶段。在这些阶段专利公开数量有一定的增长。第三个发展阶段（1962 年）、第五个发展阶段（1976—1981 年）和第七个发展阶段（1997—1998 年）则为国外专利公开的过渡发展阶段。在这些阶段专利公开数量上下波动，并且在这些阶段后会出现一波快速增长。第八个发展阶段（1999—2017 年）是一个特殊的增长阶段。在该阶段专利公开数量总体上升，但显现上下波动且幅度相

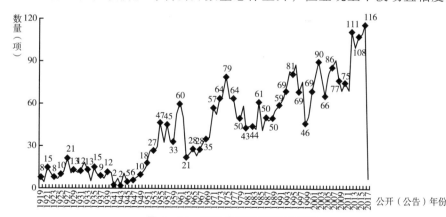

图 4-14　国际专利公开发展趋势

对过渡发展阶段而言更为剧烈。这预示着新技术发展的高峰可能到来。与专利申请发展趋势图相同的是，由于专利审批过程中信息披露的滞后而导致数据不全，2015—2017 年的数据并不能反映真实状况。

二、国际高速铁路轨道技术专利主要技术类别发展分析

从小类层面来看，国际高速铁路轨道技术专利排名前二十的 IPC 分类（小类）如图 4 – 15 所示。高速铁路轨道技术领域的国际专利布局主要集中在 E01B、B61L、B65G 和 B61B 等类别。就高速铁路轨道技术的技术内容而言，这几个 IPC 分类（小类）都与其具有密切联系，由此可以看出这些 IPC 类别都是该技术的核心技术分支。除了这几个主要的 IPC 分类（小类）外，其他 IPC 分类也与这些主要 IPC 分类相关，是有可能产生新技术的相关领域。

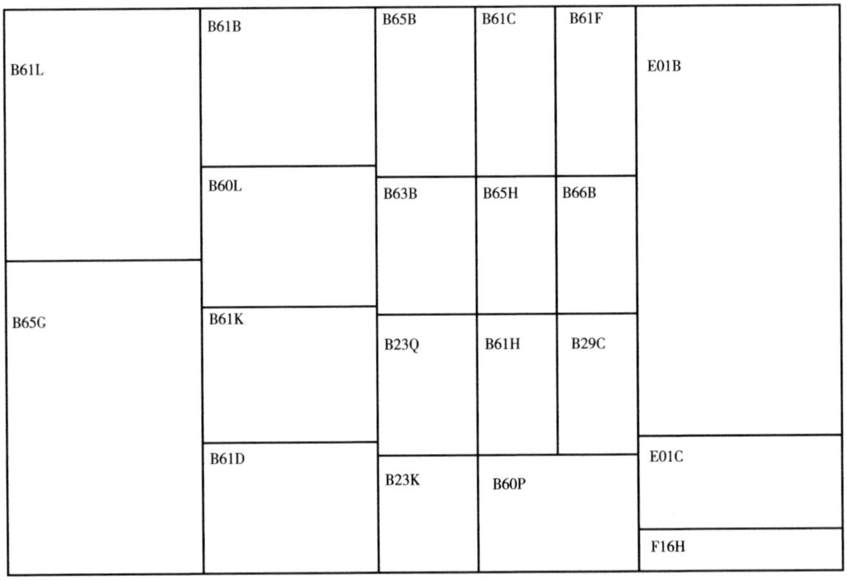

图 4 – 15　国际专利前二十 IPC 分类（小类）分布

细化到小组层级来展开分析，排名前二十的 IPC 分类（小组）如图 4 – 16 所示。对比图 4 – 15 可以发现，图 4 – 16 中所列出的 IPC 分类（小

组）都是前面所述主要 IPC 分类（小类）的对应分支，由此再次确认了
这几个 IPC 分类（小类）是高速铁路轨道技术领域中的核心技术类别。
从图 4 - 16 中可以看到，IPC 分类（小组）除了 E01B1/00、E01B27/00
和 E01B2/00 等几个相应专利数量较多外，其他的分类（小组）相互之间
数量差距不大。

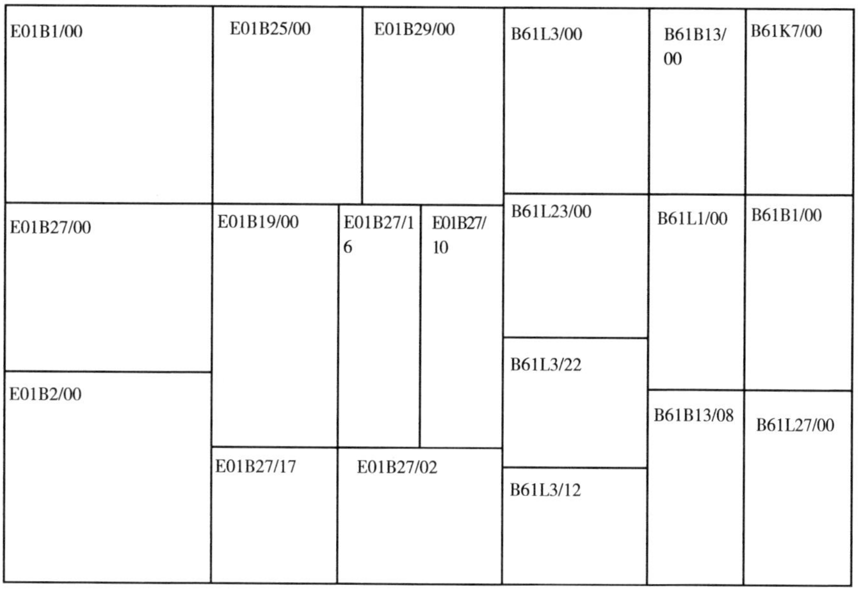

E01B1/00	E01B25/00		E01B29/00		B61L3/00		B61B13/00	B61K7/00
E01B27/00	E01B19/00	E01B27/16	E01B27/10		B61L23/00		B61L1/00	B61B1/00
					B61L3/22			
E01B2/00							B61B13/08	B61L27/00
	E01B27/17		E01B27/02		B61L3/12			

图 4 - 16　国际专利前二十 IPC 分类（小组）分布

结合专利申请趋势来看，中国相关专利的核心 IPC 分类（小组）主
要分布在 1963 年之后，具体分布如图 4 - 17 所示。核心 IPC 分类如
E01B1/00、E01B27/00、B61L3/00、E01B2/00 等都有着持续的专利布局，
但总体而言其中 E01B27/00 的专利布局数量出现了下滑。

从对技术类别发展的分析可以看出，在国际范围内的高速铁路轨道技
术发展起步早，并且出现了多次的创新增长，从目前来看仍保持着稳定增
长势头，是典型的持续式技术演化路径。通过在专利信息的基础上进一步
地对高速铁路轨道技术相关产业展开分析，可以掌握更多国际高速铁路轨
道技术的发展动向。

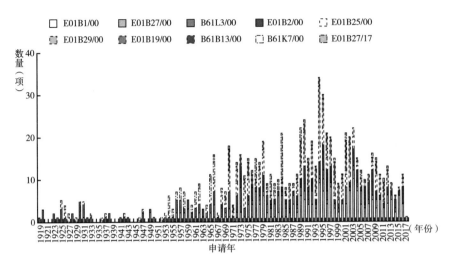

图 4-17 中国高速铁路轨道技术主要 IPC 分类（小组）的申请趋势

三、国际专利主要专利申请人发展分析

国际专利排名前十的主要专利权人如图 4-18 所示，分别为 Franz Plasser Bahnbaumaschen Ind［（奥地利）弗兰茨普拉塞铁路机械工业股份有限公司］、SIEMENS［（德国）西门子公司］、General Railway Signal［（美国）通用铁路信号公司］、Westinghouse Brake and Signal Company［（英国）西屋制动及信号有限公司］、KRRI［（韩国）韩国铁道技术研究院］、HITACHI［（日本）日立建机株式会社］、General Electric Company［（美国）通用电气公司］、General Signal Corporation［（美国）通用信号公司］、Railway Technical Res Inst［（日本）日本铁道技术研究所公益财团法人］、Mitsubishi Denki Kabushiki Kaisha［（日本）三菱电机株式会社］，共有八家企业、两家科研院所。

排名前十专利申请人各自的专利申请趋势如图 4-19 所示，主要反映的是这些专利申请人的申请趋势对比情况。从图 4-19 中可以看出，在近十年专利申请较为活跃的主要是 SIEMENS、KRRI、HITACHI 及 General Electric Company，Franz Plasser Bahnbaumaschen Ind。在 1975—1995 年申请较为活跃，之后专利申请活动则趋于减少。

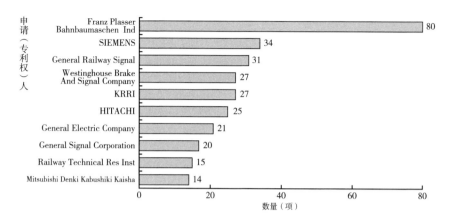

图 4 - 18 前十专利申请人排名

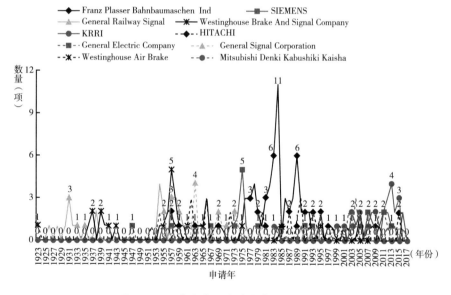

图 4 - 19 前十专利申请人专利申请趋势

注：因限定了技术类别，前十专利申请人排序与图 4 - 18 有所不同。下同。

结合技术分布来看，前十专利权人所分布的 IPC 分类（小类）的分析结果如图 4 - 20 所示。由图 4 - 20 可知，前十专利申请人进行专利申请的技术类别主要集中在 B61L 上，其次是 E01B。其他的 IPC 分类（小类）上相应专利布局较少。

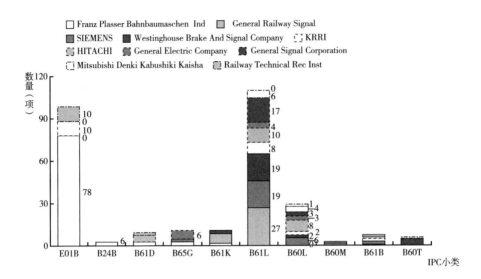

图4-20 前十专利申请人 IPC 分类（小类）分布

由于国际专利中包含了来自不同国家和地区的专利申请人，可以进一步观察专利行政管理机构（即申请受理局）相应的专利家族布局情况。前十专利申请人的申请受理局分布如图4-21所示。从图4-21中可以看到，这些专利申请人除了主要在所处国家布局专利外，也注重向外进行专利布局，由此可见其进军国际市场的目标定位。

四、国际专利主要发明人团队发展分析

国际专利的来源国众多，因此主要发明人团队分布的专利统计也显示出不同国籍的研发人员，其中专利数量排名前二十的研发人员名单如图4-22所示。从图4-22中可以看出，产生专利最多的是来自 Franz Plasser Bahnbaumaschen Ind 的 Josef Theurer 研发团队，共有62件专利，其他研发人员的专利数量较少，相互之间差距不大。

结合发明人团队和技术分布来看，国际研发人员的技术类别分布同样具有非常明显的选择性。如图4-23所示，国际专利数量排名前二十的研发团队主要选择的技术类别集中在 E01B 上，其次是 E21B，这两个 IPC 分类（小类）是最为主要的技术选择。

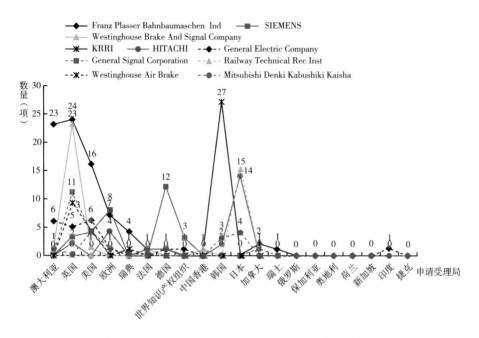

图 4 - 21　中国高铁轨道技术前十专利申请人专利家族分布

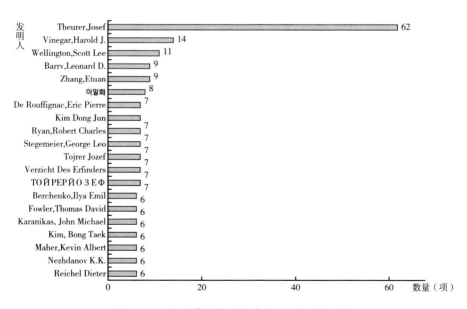

图 4 - 22　中国高铁轨道技术前二十发明人排名

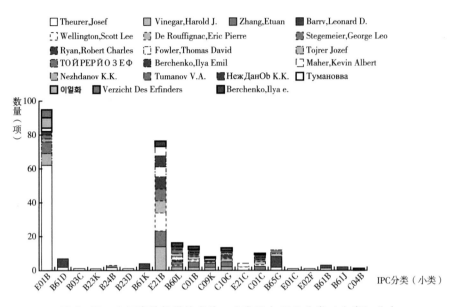

图 4-23   中国高铁轨道技术前二十发明人 IPC 分类（小类）分布

注：因有技术类别的限定，专利发明人的排名与图 4-22 有所差异。

此外，对比中外专利的分析情况也可以看出，尽管国际专利中发明人的技术分布也呈现两极分化的状态，但相对而言选择类别更多，除了 E01B 和 E21B 这两个主要 IPC 类别外，其他的如 B60L、C01B、B65G 等都有不少的发明人选择布局。

五、国际专利家族分布与法律状态分析

图 4-24 和图 4-25 所示分别是对高速铁路轨道技术对应国际专利的专利家族分布和专利法律状态的分析结果。

从图 4-24 的分析结果可以看出，国际专利对应的同族专利所分布的国家或地区较多，主要集中在美国、澳大利亚、欧洲国家等。在数量上发达国家或地区的专利布局较多，但值得注意的是在一些发展中国家或地区如印度、马来西亚、印度尼西亚、南非等也有一定的专利。

从图 4-25 显示的国际专利法律状态可以看出，目前高速铁路轨道技术的国际专利法律状态在"有效"、"审中"和"无效"这几种类别上的

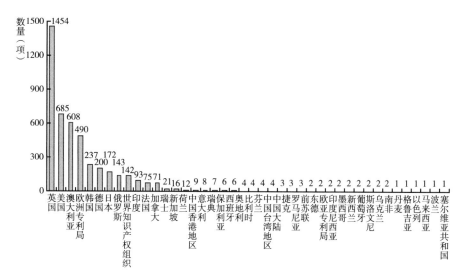

图 4 - 24 国际专利家族分布

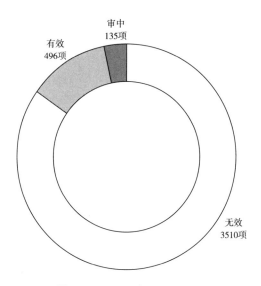

图 4 - 25 国际专利法律状态

专利数量分别是 496 项、135 项和 3510 项。其中无效专利占大多数是因为许多专利已过了保护期，而审中的专利数量少也说明了国际专利申请活动正在放缓。

第四节 高速铁路轨道产业总体专利路线图与发展对策

一、产业总体专利路线图构建框架

在本书中,结合专利路线图的基本特点和产业总体专利情况,构建产业总体专利路线图框架如图4-26所示。在图4-26中,横轴用来指示时间变化过程,左侧纵轴分布着五个主要分析维度,分别是总体专利数量、主要技术类别、主要专利申请人、主要发明人团队和专利家族分布。这五个分析维度在专利路线图中有着各自的泳道(即专利路线图中对应分析维度的分格)以展现变化趋势,在节点之间有箭头表示变化过程。而在不同的泳道之间,也有相互连接的箭头来表示节点之间的关系。如,主要技术类别中的节点与总体专利数量的变化趋势有一定的对应关系。此外,主要专利申请人在主要技术类别上的展现也会有差异。

构建产业总体专利路线图的主要目的是掌握高速铁路轨道技术领域的整体专利发展情况,因此在构图过程中考虑了五个方面的维度以对专利发展情况进行观察。从图4-26可以看到,这五方面维度之间的联系体现在:①总体专利数量、主要专利申请人与主要技术类别联系以显示在近期具有竞争力的技术分支和专利申请人;②主要发明人团队与主要专利申请人联系以显示各专利申请人技术研发合作情况,以及该技术领域中的技术带头人;③总体专利数量与专利家族分布联系以显示专利布局和技术转移情况。

二、专利路线图分析

根据产业总体专利路线图构建框架,设计得到高速铁路轨道技术领域的产业专利路线图如图4-27所示。从该专利路线图可以看到,在高速铁路轨道这一技术领域,中国专利布局相对于国外而言虽然起步较晚,但发展后劲足,大有"后来居上"的态势。从整体的发展趋势分析得出,中

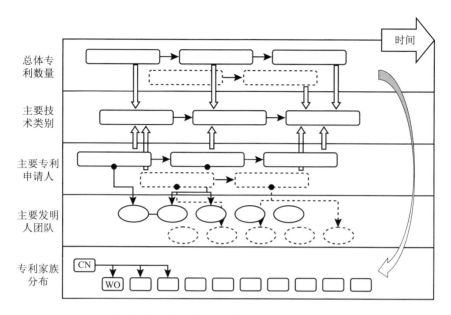

图 4 - 26　产业总体专利路线图构建示意图

国专利申请的发展在未来有继续增长的趋势，而国外专利申请则显示出平缓的发展态势。另外在近十年的专利申请中，专利路线图显示出中国专利的技术类别较多地集中在 E01B2/00、E01B1/00 等上，而国际专利的技术类别则较多地集中在 E01B1/00、E01B27/00 和 E01B2/00 上。从专利权人的角度来看，中国主要专利权人更多地集中在 E01B1/00、E01B2/00、B28B7/22，而国外主要专利权人更多地集中在 B61L3/00 和 B61K7/00 上。从发明人团队的角度来看，中国的发明人之间有较多的合作，主要是来自中铁二十三局的发明人团队，而从国际的主要发明人来看，可以看出各专利申请人的技术领头人物相对独立。最后从专利家族的分布可以看出，国际专利分布于近五十个国家或地区，且有不少的同族专利分布在欧洲、美国、日本、韩国等国家或地区，而中国专利的同族专利非常少，可以看出在海外的专利布局存在不足。

三、产业发展对策建议

通过专利路线图的分析可以发现，在高速铁路轨道技术领域的专利布

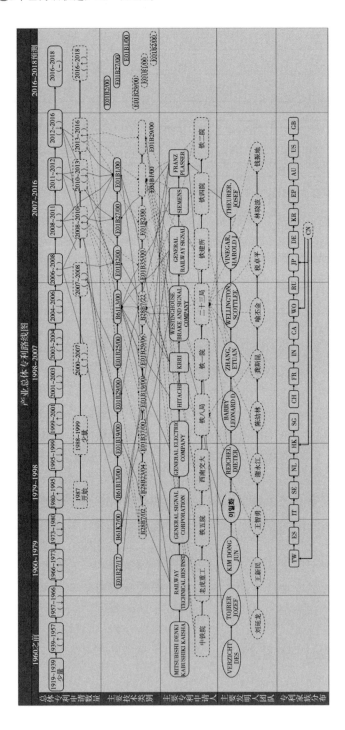

图 4 - 27 高速铁路轨道技术产业总体专利路线图

局整体上呈现放缓趋势，但在一些技术分支上仍显示出积极增长的态势。具体而言，国内外在 E01B2/00 和 E01B1/00 等方面表现出强劲的增长态势，而在其他技术分支如 E01B19/00、E01B29/00 等方面则逐渐淡出。这表明在高速铁路轨道技术领域正在发生一定程度的技术变革和演化。此外，国外相关专利布局数量高于中国专利布局数量，这主要是因为国外专利布局起步早，已有很长时期的专利数量积累；而在近些年中国专利布局数量远高于国外，这说明国内在高铁产业发展的同时对专利保护的意识也有所加强。但从专利家族的布局情况来看，中国向国外布局的专利数量并不高，这说明目前国内高铁轨道产业对海外专利保护的意识和力度都还不够，同时也说明了中国高铁产业的"走出去"过程仍在路上。总的来说，以上这些情况反映出的总体专利情况说明在中国高铁产业"走出去"的过程中既存在机会也存在障碍，这些可能促进或制约中国高铁产业竞争优势的发展。结合产业总体专利路线图的分析，本书针对高铁轨道技术领域提出以下产业发展及"走出去"策略建议。

（1）高铁产业主管部门需要尽快制定适应高速铁路轨道技术特点的专利整体组合保护规划。中国高铁轨道技术的专利申请趋势说明，目前的海外专利布局和体系化专利战略仍存在不足。专利保护是高铁产业"走出去"并实现国际化发展的重要保障。由于这一技术领域与其他高铁技术之间有着紧密联系，对于该技术领域相关产业的专利保护策略而言，可以从产品推广、技术结构、市场细分、产业链布局以及国内外专利制度等方面进行考虑，从而形成完善的产业专利保护体系和产业发展生态系统。

（2）产业主管部门需要进一步探索和推动政产学研合作的整体协同创新模式。从中国前十专利申请人的布局情况来看，企业专利申请人与高校之间的合作并不多。就产业的长远发展而言，持续的创新能力是获取竞争优势的关键。中国高铁产业发展的经验表明，以政府为主导的多方合作模式对于中国高铁成功发展功不可没。但这一经验在国外是否适用还不得而知，因此需要国内高铁相关专家智库对这一问题展开更为深入的探索研究。在"走出去"实践方面还应当尝试构建海外政产学研合作的创新模式，特别是结合"一带一路"倡议等背景与沿线国家展开友好合作，推动高铁技术创新的进一步发展。

（3）中国高铁的重点企业应当积极推动专利技术的标准化发展，形成"中国智造"的高速铁路轨道技术标准，并积极布局相关标准必要专利。高铁产业是一类"知识密集型"的产业，有复杂的技术结构。从高铁轨道专利的主要技术类别分析来看，中国专利与国外专利有较多重合。鉴于国外高铁技术的先发优势，应当注意防范海外高铁项目的专利风险。国外一些发达国家已经在高铁领域形成了大量的技术标准和相关标准必要专利，从而对于中国高铁产业的"走出去"进程构成了严重障碍；因此，构建技术标准以助向国外推广中国高铁技术就显得十分迫切。鉴于此，中国高铁轨道技术相关产业应当重视技术标准的意义与作用，并将高价值专利作为专利战略的目标和导向，尽快推动国际技术标准的起草与制定，并针对技术标准形成完善的标准必要专利网，从而在国际高铁产业链中掌握核心话语权。

本章小结

　　本章基于高速铁路轨道技术国内及国外专利信息对这一技术领域的总体专利情况进行了全面探索，按照总体发展态势、主要技术类别发展、主要专利申请人、主要发明人团队、专利家族分布以及专利法律状态等多个视角或维度展开分析，并运用专利路线图的相应理论与方法，对比分析了高铁轨道技术领域中外专利布局情况，在比较过程中展望了国外高铁轨道专利布局所带来的挑战。从本章的分析结果可以总结出发展中国高速铁路轨道技术相关产业的重要现实意义，归纳出推动发展的有效途径，为未来产业发展战略规划以及"走出去"应对国际竞争提供了可靠支撑。另外，本章在高速铁路轨道技术产业专利检索与分析的基础上，利用大量的专利数据，形成了产业总体专利路线图。该专利路线图显示，在未来产业的整体发展及"走出去"过程中，需要构建专利组合保护策略、构建海外协同创新模式以及推广国际技术标准，此外还要对专利导航和国际市场选择等方面的战略规划展开进一步的分析。

第五章　高铁轨道产业专利竞争优势分析及策略思考

第一节　产业发展中的竞争优势

一、竞争优势导向

产业的稳定发展与竞争优势的获取密切相关。著名的战略研究学者迈克尔·波特曾提出，国际竞争优势包括四种内部因素以及两种外部因素，其中四种内部因素包括要素条件、需求条件、相关支持产业和企业自身的战略、组织结构及竞争，两种外部因素包括随机事件和政府。[①] 从该理论可以看出，对竞争状态的把握是竞争优势的核心组成部分之一。专利路线图是用于揭示专利竞争状态和支撑专利战略决策的重要管理工具。本章所提出的专利路线图，基于专利数据和专利分析方法将技术层面与竞争层面结合起来，因而能将专利竞争的细节直观地展现出来。本章所提出的专利路线图的可视化分析能够清楚地凸显重要专利权人及其专利布局战略。因此，针对高铁轨道技术领域，本章通过具体的专利路线图构建与应用对专利竞争状态和竞争态势发展展开深入分析。

[①]　迈克尔·波特：《竞争战略》，乔晓东等译，中国财政经济出版社1989年版，第53—72页。

二、专利竞争状态和态势的形成

传统的市场竞争理论将市场完全竞争作为理想状态，而自然垄断是阻碍实现完全竞争和市场均衡的一大关键要素。专利权作为一种垄断性权利，能够赋予企业在一段时间和一个特定区域内专享某项技术的权利。通过这项权利，一个企业在进入某个市场的同时就可以阻止其他企业进入，最终降低了产品生产的总体成本，而且当产量越高时，相应的平均成本就越低。在日积月累的作用下，企业就可能逐渐对其他竞争对手形成竞争优势，并进一步主导市场。随着技术创新和产品集成化的发展，企业都能够意识到专利对于自身的重要性，因而企业拥有产品全部专利的情况已经越来越少，常常可以看到多个企业在一件产品上通过交叉许可的方式进行合作。由此在产品竞争之外逐渐形成了专利竞争，专利竞争成为企业竞争的一个重要组成部分。在专利竞争的过程中，企业在某个特定时间区间的专利竞争关系即为其专利竞争状态，而随着时间发展所展现出的趋势和规律则为专利竞争态势。

第二节　研究方法与研究框架

一、专利检索及专利数据整理

获得准确的、有分析意义的专利数据，是构建本章所提出的专利路线图的一个重要条件。如图 5-1 所示，这个过程可分为两个步骤。

第一个步骤是建立完善合理的专利检索策略并执行检索。首先应当确定待检索的技术主题范围；然后应当根据相关技术文献和专家意见来分析、提取、总结必要的检索要素，如关键词、专利分类号以及关键的专利权人等；此外，基于检索策略和检索要素选择专业的专利检索数据库（如德温特专利数据库、Innography 专利数据库等），在本章中选择的是德温特专利数据库。最后，可以将数据库检索规则、检索符号及要素等组建

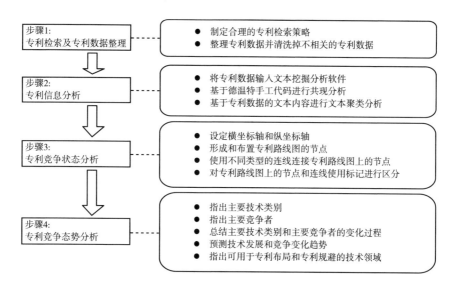

图 5 – 1 专利竞争状态分析和竞争态势分析的流程

成检索策略。这一过程可能循环往复，根据技术专家意见当检索结果能够满足专利分析的需要时即可停止检索。

第二个步骤是对专利数据进行整理和清洗。在完成专利检索后，检索出的专利数据应当导出为标准的专利著录项目格式。而一些无关专利在检索时不可避免地会被检索到，因此有必要对专利数据进行清洗，根据之前已确定的技术主题范围将无关的专利数据进行剔除。数据的清洗过程包括过滤和剔除。在剔除过程中，与已确定的技术主题范围无关的专利数据都应当被剔除掉。与之相反的是，在过滤过程中，与已确定的技术主题范围高度相关的专利数据都应当被保留。需要注意的是，在本书中专利权人为个人的专利数据也被剔除。

二、专利信息分析

在本章中，专利信息分析是为了确定和识别专利数据中存在的各类联系，并为专利竞争分析提供支撑。在经过了专利数据的整理、清洗等步骤后，可以通过一些统计方法对所得到的专利数据进行初步分析，但得到的分析结果只是对专利数据的普通的统计性描述。然而，使用结合时间线的文本聚类方法，专利数据能够进一步显示不同技术类别的发展趋势，并反映出技术上的联系和技术优先级等信息。这最终使得专利信息具有显著的应用意义并为专利战略规划服务。专利信息分析包括如下步骤。①将专利数据导入文本分析软件 CiteSpace 5.1。②进行德温特手工代码的共现分析以识别专利数据中存在的联系。③基于专利文本内容展开文本聚类分析。经过专利分析得到的结果预计包括专利文本聚类的各个类别、聚类代码及聚类名称，以及在各个聚类类别中存在共现关系的手工代码清单。聚类名称来源于专利文本，如专利的标题和摘要。此外，聚类代码和聚类名称在专利路线图中可以作为指示技术领域的分析指标使用，与它们对应的手工代码则可以用于进一步的专利检索，并在每个聚类类别中找到和识别所有的专利数据。

三、专利竞争状态分析

基于专利检索和专利分析结果，可以通过专利路线图对技术领域中的竞争状态进行分析，路线图的构建框架如图 5-2 所示。制图过程主要包括以下步骤。①确定专利路线图的横纵坐标轴。在本章提出的专利路线图中，将横坐标定义为时间线并将其用于分析时间趋势；将纵坐标定义为聚类类别并将其用于反映不同专利权人的专利布局。②形成专利路线图的节点。这些节点按照相应的时间点和聚类类别分布在专利路线图中横纵坐标轴所形成的象限区域内。每一个节点代表着一个重要的专利权人，在节点上标记数字以说明对应的专利数量，反映节点专利权人在该坐标的专利布局情况。③在各节点间使用实线或虚线进行连接。在所有节点的坐标及位置确定后，使用带箭头的实线或虚线来连接同一专利权人节点，最终形成了各个专利权人的专利布局网络。④对不同专利权人节点及连线进行标记。专利路线图中的这些节点和相应连线可以使用一系列标记来加以区分，如不同颜色或各种连线形状。对于专利路线图中唯一且孤立的专利权人节点，可以对专利权人名称用特别的颜色进行标记。

横坐标轴、纵坐标轴、不同类型的专利节点、连线及标记共同组成本章的专利竞争状态路线图。如图 5-2 所示，专利权人节点主要分为五类。①专利权人 A。所申请的专利仅活跃在某一个时间段，但分布于多个技术分类中。②专利权人 B。所申请的专利不仅活跃在多个时间段，同时也分

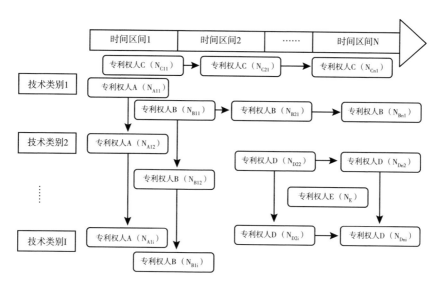

图5－2 专利竞争状态路线图构建示意图

图片来源：Xiang Yu and Ben Zhang, "Obtaining advantages from technology revolution: A patent roadmap for competition analysis and strategy planning", *Technological Forecasting & Social Change* (November 2017), http://dx.doi.org/10.1016/j.techfore.2017.10.008。

布于多个技术分类中。③专利权人 C。所申请的专利活跃在多个时间段，但是仅分布于单个技术分类中。④专利权人 D。新兴的专利权人，所申请的专利开始于较晚的时间段，在多个时间段和技术分类中都有专利分布。⑤专利权人 E。孤立的专利权人，仅有一个节点。

四、专利竞争态势分析

通过专利竞争状态路线图，专利数据能够反映各个专利权人在技术竞争方面的许多信息。在实践中可通过运用这些信息为产业战略规划及相应决策提供支撑。从前面所述的专利竞争状态路线图中，可以发现一些与竞争态势相关的信息。①根据专利路线图中节点和连线的分布及聚集程度，可以总结得到重要专利权人清单。②观察节点和连线随时间变化的过程，可以对各个技术分支的发展趋势展开预测分析。③对于已知的重要专利权人，可以根据节点在专利路线图中的所在位置来观察专利权人之间的竞争与合作关系，并可以由此总结出潜在的竞争对手和合作者。④此外，节点的位置及聚集程度还可以指示出潜在的可用于专利布局或专利规避的技术领域。通过这些信息可以构建具体的专利竞争态势路线图构建框架。

第三节 高铁轨道技术专利文本 挖掘与竞争状态分析

一、专利数据搜集和检索策略

这一节继续以"高速铁路轨道技术"这一技术领域为例，对竞争状态和竞争态势做出深入分析，并对专利路线图的制图过程和应用方法做出具体描述。而在制图过程中，本书选取"德温特创新索引"数据库作为检索专利的数据来源，该数据库包括了"德温特世界专利索引"和"德温特专利引证索引"两个子数据库。在数据收录范围方面，德温特囊括了五十多个国家或地区的专利数据，特别是以下五个主要的国家或地区，即中国、欧洲、日本、韩国和美国。在可检索到的专利数据中，除了关于专利家族和专利引证的相关信息外，该数据库的一大特色是可以提供由技术专家重新撰写的标准格式的标题和摘要。这是对原有专利信息的重要补充。

为了精确地描述高铁轨道技术的检索主题范围，在这一部分基于已有文献选择了高铁轨道专利初步检索的检索式并进行了相应调整，具体如表5－1所示。通过对初步检索得到的专利进行抽样并选择部分专利进行人工阅读，发现所检索到的专利数据存在着一些问题，比如专利与待检索主题完全不相关，或者直接联系很小。为了解决这些问题，本书采取了精炼检索的策略，具体的专利数据精炼处理策略同样如表5－1所示。这一策略的主要作用不仅在于提升专利检索数据的相关性，使得对专利数据的分析能够更加精准地针对检索主体；而且在于加强专利数据的规范性，使得对专利数据的挖掘能够产生更多的信息。在此基础上构建的专利路线图能更具有代表性和实践意义。

表 5 - 1 专利检索策略和步骤

具体步骤	结果
步骤 1：构建基本的专利检索式	((TS = (high AND speed AND rail *) OR TS = (high AND speed AND train) OR TS = (rapid AND transit AND train) OR TS = (rapid AND transit AND rail *) OR TS = (bullet AND train) OR TS = (express AND rail *) OR TS = (express AND train) OR TS = (fast AND moving AND train) OR TS = (fast AND move * AND train) OR TS = (fast AND rail *) OR TS = (quick AND rail *) OR TS = (rapid AND rail *) OR TS = (rapid AND train))) AND (TS = (rail * AND track) OR TS = (rail * AND trackage)))
步骤 2：决定需要排除的德温特专利分类号及手工代码	P36：P36 - E01；P85：P85 - A50A；Q46：Q46 - B03
步骤 3：决定需要保留的德温特专利分类号及手工代码	Q21：Q21 - A，Q21 - A02，Q21 - A12，Q21 - A15，Q21 - B，Q21 - B01，Q21 - B03，Q21 - B04，Q21 - B09，Q21 - C03G，Q21 - C03I，Q21 - C03X，Q21 - D04，Q21 - D05，Q21 - D10A，Q21 - J08，Q21 - N，Q21 - S，Q21 - S07，Q21 - S07C； Q41：Q41 - E，Q41 - E01，Q41 - E01X，Q41 - E02，Q41 - F； X23：X23 - A，X23 - A01A2，X23 - A01A4，X23 - A01C，X23 - A03A，X23 - A09，X23 - B05，X23 - C，X23 - D09，X23 - P，X23 - P01，X23 - P05，X23 - P06，X23 - P09，X23 - S，X23 - S01，X23 - S05，X23 - S99，X23 - X，X23 - X20； P61：P61 - U17；P63：P63 - U17；Q11：Q11 - A17；Q19：Q19 - R02；V03：V03 - U03，V03 - U03E； W01：W01 - C01D3B；W05：W05 - B07K；X11：X11 - U03；X13：X13 - U02；X25：X25 - A08U3
步骤 4：决定需要剔除的专利权人	排除所有专利权人为个人的专利
步骤 5：决定需要保留的专利权人	保留所有专利权人为机构且检索到的对应专利数量在 5 个以上的专利
步骤 6：输出和整理专利数据	以标准格式输出最终的专利数据作为分析样本

注：需要说明的是，在科睿唯安公司收购德温特专利数据库后，数据库检索规则有所变动，因此在这里所选择的专利检索式也有相应的调整。

数据来源：Xiang Yu and Ben Zhang，"Obtaining Advantages from Technology Revolution：A Patent Roadmap for Competition Analysis and Strategy Planning"，*Technological Forecasting & Social Change* (November 2017)，http：//dx. doi. org/10. 1016/j. techfore. 2017. 10. 008。

精炼检索包括对专利分类号及专利权人进行精炼这两个步骤。在对专利分类号进行精炼的步骤中，处理过程主要使用了由德温特创新索引数据库所提供的"德温特专利分类"和"手工代码"。这两大德温特的专利分类体系对德温特数据库中的专利数据进行了整理和分类。具体的操作步骤包括：（1）在德温特创新索引数据库中，首先检索了与"Railway"相关的所有德温特专利分类号和德温特手工代码（也排除掉了其中有些与检索主题明显不符的专利），详情同样可见表5-1；（2）接着将这些德温特专利分类号及手工代码作为检索词进行精炼检索，得到精炼后的检索专利。

在专利权人精炼过程中使用专利权人代码进行精炼，DII数据库特有的专利权人代码能够合并属于同一公司的专利权人。在这一步骤中属性为个人的专利权人需要被剔除掉，同时保留专利数高于5并且为机构的专利权人。这样做是为了使被选择的专利权人具备比较意义。依据这些被选定的专利权人，进行精炼检索（也就是第三次检索），最后得到的检索结果将作为专利分析的样本。在后面的分析中，首先对这些专利进行挖掘，从中提取可以反映专利竞争状态的要素（如时间、专利权人、专利数、聚类类别等），然后再根据这些要素进行组合分析从而展示出专利竞争态势。

二、专利分析和关键词提取

根据前面专利检索过程的结果，这一步骤将1405件专利数据导入文本分析软件CiteSpace并进行文本聚类等分析。CiteSpace是一款能够对科技文献中的知识主体的发展趋势及模式进行可视化分析的软件[1]，可以用来专门分析德温特格式的专利数据，提供聚类分析[2]、网络模式及过程模式下的趋势分析[3]等功能。在该软件中，通过挖掘关键词的方式对这些专利进行聚类，并通过关键词出现的频次及共现关系进行分析。通过文本聚类得到的分析结果如图5-3所示。

---

[1] Chen C, "Searching for Intellectual Turning Points: Progressive Knowledge Domain Visualization", *Proceedings of the National Academy of Science of the United States of America*, Vol. 101, Suppl. 1, 2004, pp. 5303 – 5310.

[2] Chen C, Ibekwe-Sanjuan F and Hou J, "The Structure and Dynamics of Cocitation Clusters: A Multiple-Perspective Cocitation Analysis", *Journal of the American Society for Information Science and Technology*, Vol. 61, No. 7, 2010, pp. 1386 – 1409.

[3] Chen C, "CiteSpace II: Detecting and Visualizing Emerging Trends and Transient Patterns in Scientific Literature", *Journal of the American Society for Information Science and Technology*, Vol. 57, No. 3, 2006, pp. 359 – 377.

在本章的专利分析过程中，将时间范围限定在1987年到2016年这30年内，并从前面专利检索步骤中得到的专利中选取符合时间限定条件的专利作为分析样本，然后使用 CiteSpace 软件去分析这些专利的手工代码并对专利进行聚类。在分析结果中，CiteSpace 软件还能将所分析专利的手工代码及彼此的贡献关系用可视化的方式表现出来。如图5-3所示，每个节点代表单个手工代码，而节点大小则代表着该手工代码的出现频次，节点之间的连线代表着两个手工代码之间存在共现联系。此外，黑色标签用来说明该节点所对应的手工代码，而其字体的大小同样代表手工代码的出现频次（和节点大小类似）。红色标签用来说明聚类得到的各个类别名称，这些名称来源于对专利标题的提取。然而需要注意的是，图5-3只展现了 CiteSpace 软件聚类分析结果中的一部分。这样做主要是考虑到页面空间的限制和方便分析重要性程度更高的节点。在更进一步的专利分析中，技术演变趋势可以在更深层次上得以展示。由于在 CiteSpace 软件中对标签位置的自动调整功能，带箭头的连线用来表示节点与标签的对应关系。

和图5-3类似，在图5-4和图5-5中仅截取了必要的部分来进行展示。这两幅图分别是利用 CiteSpace 软件中的"时间线"模式和"时间

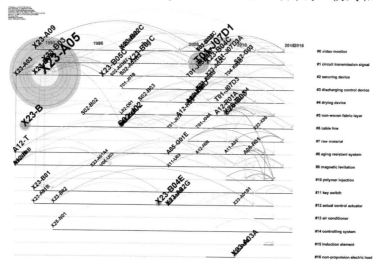

图5-4　时间线模式下的高速铁路技术专利聚类发展趋势

图片来源：Xiang Yu and Ben Zhang, "Obtaining Advantages from Technology Revolution: A Patent Roadmap for Competition Analysis and Strategy Planning", *Technological Forecasting & Social Change*（November 2017），http://dx.doi.org/10.1016/j.techfore.2017.10.008。

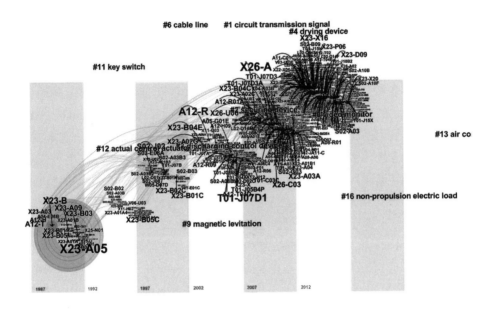

图 5 - 5　时间区模式下的高速铁路轨道技术专利聚类发展趋势

图片来源: Xiang Yu and Ben Zhang, "Obtaining Advantages from Technology Revolution: A Patent Roadmap for Competition Analysis and Strategy Planning", *Technological Forecasting & Social Change* (November 2017), http://dx. doi. org/10. 1016/j. techfore. 2017. 10. 008.

区" 模式所得到的可视化结果, 并共同对高铁轨道技术专利的各个聚类类别中的技术发展趋势做出了描述。节点间带箭头的连线表示它们之间存在着共现关系。在图 5 - 4 的左侧, 各手工代码节点的共现关系被以和图 5 - 3 不同的方式展现, 而且各节点在不同的聚类类别上按照时间顺序排列; 在图 5 - 4 的右侧, 各个聚类类别及聚类代码按照升序排列。为了突出重要的节点, 在 CiteSpace 软件中设置了 "共现频次为 7 的阈值" 来过滤掉频次较低的节点以及对应标签。图 5 - 5 同样展示了节点之间的共现关系, 但和图 5 - 4 的差别在于: 图 5 - 5 主要展现的是技术总体演化过程随时间的变化; 而图 5 - 4 则是展现各聚类类别中技术的演化过程, 以及各类别之间技术演化的关系。此外需要注意的是, 在图 5 - 5 中聚类类别的标签已失去其应用意义, 这主要是因为在该图中各节点的分布主要是基于时间区间和共现关系, 而不是像图 5 - 3 那样根据聚类类别分布。

通过专利分析步骤，可以得到一些重要的分析结果，如技术随时间的演变趋势、专利中各个手工代码的共现联系以及所有的专利文本聚类类别。然而，在专利分析中需要注意的是，专利分析和专利地图仅仅是在文献计量学的层面上提供了分析思路，其分析结果还不足以为管理决策提供支撑，如对专利竞争态势的判断。考虑到这一点，在本章中有必要将专利分析、专利地图以及专利路线图融合起来，为预测专利布局发展态势及指引专利战略规划发挥作用。更进一步地，也有必要从专利分析和专利地图中提炼出用于构建专利路线图的关键要素。因此，本章从专利分析结果中提取了一些关键信息要素，如所有的关键手工代码清单、手工代码之间的共现关系矩阵、所有的聚类类别名称，其中主要的信息要素都已在图 5-3 中被展示。接下来，要基于图 5-3 中所展示的主要聚类类别及对应手工代码节点执行第四次检索。对应每个选定的聚类类别，在各个时间区间的所有专利都要被检索并被选择，专利检索的范围限定在之前检索得到的 1405 件专利。此外，在该次检索完成后对主要专利权人和他们所持有的专利数量进行的统计。主要专利权人的专利布局信息将作为专利路线图的信息要素之一在构建专利路线图时被加以展示。最后，在本章中对高铁轨道技术所构建的专利竞争状态路线图如图 5-6 所示。

三、专利竞争状态分析

接下来，主要是根据专利分析的结果展开专利竞争状态的分析，并构建专利竞争状态路线图。这一专利路线图将作为预测高铁轨道技术的专利竞争态势的分析基础。路线图的制作过程主要包括以下步骤。①确定横纵坐标轴。在所构建的专利路线图中，横坐标轴代表的是时间区间，其时间范围限定在 1987 年到 2016 年，而且这 30 年的时间还被进一步划分为了 6 个 5 年的子区间。纵坐标轴代表的是基于专利分析而得到的文本聚类类别，在该专利路线图中主要考虑了 15 个聚类类别。②形成节点。在专利路线图中，关键的专利权人及其专利布局情况是主要的展示和分析对象。在德温特数据库的帮助下，本章识别并选定了所有的关键专利权人及其专利数量，并按照专利路线图所确定的横纵坐标轴为各个专利权人节点确定具体坐标位置。此外，由于空间有限，在本章所提出的专利路线图中只选择展示专利数量排名前五的专利权人。③连接节点。对于属于同一专利权人的节点，所构建的专利路线图使用了带箭头的连线来进行连接，并由此形成关键专利权人的专利布局网络。在图中各个连线的箭头指向方向为向右或向下。对于在专利路线图中只展示出两个节点的专利权人，图中使用了首尾带点的连线对节点连接加以区分。④标记节点。对于专利路线图中的各个节点及相应连线，本章使用了一系列的连线形状和灰度来对它们进行标记和区分，即其中形状包括有直线、虚线、折线或者它们的组合等，不同灰度用来区分来自不同国家或地区的专利权人。节点对应名称可参见附录二。图中的关键节点，有来自欧洲的专利权人，如 SIEI-C、ALLM-C、PLAF-C、DAIM-C 等；来自日本或者韩国的专利权人，如 KAWJ-C、JAPN-C、KORA-N 等；来自北美的专利权人，如 GENE-C 和 BOEG-N；来自中国的专利权人，如 BEIJ-N、CRCC-C、CREN-C 和 UYSJ-C 等。

从图 5-6 可以总结得到的是，在专利布局方面高铁轨道技术领域内的竞争发展状态特征可以总结为如下几点。①在技术发展的初期（1987—1996 年），专利布局活动主要来源于欧洲的铁路公司。②此后阶段（1997—2006 年），来自日本和韩国的铁路公司的专利布局活动开始变得显著，并且从专利数量和技术的多样性层面来看，这些公司相对于欧洲铁路公司具有一定的优势。③而在下一个阶段（2007—2016 年），中国铁路公司开展了相应的专利布局，并在专利数量上超过了来自其他国家和地区的专利权人。④值得注意的是来自北美的专利权人，尽管他们在专利布局数量上相对较少，但在高铁技术领域中也是占有一席之地。

此外，图 5-6 还显示出关键专利权人相应竞争状态的一些特征。①欧洲的专利权人更新频率慢。在早期的一些欧洲铁路企业如 GESJ-C 和 AEGE-C，在技术整体发展的过程中逐渐停止了专利布局活动，并被其他专利权人所替代，如 SIEI-C。②来自日本的企业进行联合申请专利的较多。③从专利布局活动的持续时间和涉及技术种类来看，一些专利权人如 KAWJ-C、SIEI-C 和 GENE-C 等可以被视作重要专利权人，这主要是因为它们持久进行专利布局且覆盖了多个技术领域，在高铁轨道技术领域具有较强的竞争力。④来自中国的专利权人，因为在短期内有着快速且较多的专利申请布局，如 CRCC-C 和 CRRC-C 等，可以被视为在该专利路线图中关键的新兴专利权人。

第四节　高铁轨道技术专利竞争态势路线图

一、专利竞争态势路线图构建框架

在本节中，结合专利竞争状态分析的结果，进一步展开高速铁路轨道技术领域的专利竞争态势分析，相应的专利竞争态势路线图构建框架如图5－7所示。在该图中，横轴指示的是时间变化发展趋势，包括了专利竞争状态分析中的六个时间区间；左侧纵轴包括了三个分析维度，分别是主要技术类别、竞争者和竞争态势发展。在主要技术类别维度，在对应各个时间区间内的节点按照专利数量进行阶梯式排列，对相邻两个时间区间内的相同节点，使用连线将其连接。在竞争者维度，对应各个时间区间将所有竞争者节点进行排列，并将中国专利权人用虚线方框加以区分。在竞争态势发展维度，分别比较相邻两个时间区间内的主要技术类别及竞争者节点的变化。这三个分析维度的发展特征如下。主要技术类别对应的专利数

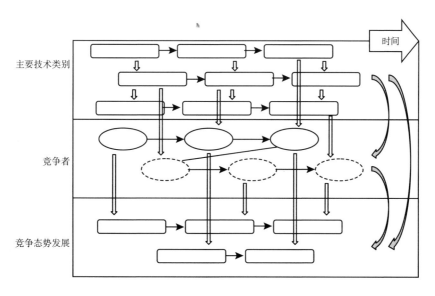

图5－7　专利竞争态势路线图构建框架

量随时间区间发生增长或减少，同时在各个类别之间表现出数量排名变化。在各个时间区间内，参与专利竞争的专利权人也会发生相应变化，在一些专利权人退出的同时会有新的参与者，剩下的在长时间内存续的即为强有力的竞争者。竞争态势发展维度为对主要技术类别和竞争者发展变化的总结和表现，从其发展变化中可以观察到专利态势的发展方向。

二、专利竞争态势路线图分析

根据专利竞争态势路线图构建框架，设计得到高速铁路轨道技术领域的专利竞争态势路线图如图 5 - 8 所示。从该专利路线图可以看到，主要技术类别从 1987—1997 年的 5 种类别逐步发展到 2012—2016 年的 15 种类别，可见技术发展的变化之快。在竞争者维度，参与该技术领域的专利权人从 1987—1997 年的 10 个逐步发展到 2012—2016 年的 28 个。在发展过程中不仅有大量的专利权人逐渐退出竞争，而且同时还有大量新的专利权人参与到竞争中。中国专利权人在近期表现出很强的竞争实力，成为该技术领域中新兴的竞争力量。通过比较两个相邻时间区间对应的主要技术类别和竞争者变化，最终得到竞争态势发展分析结果。在主要技术类别方面发现，技术类别#2 和#1 在近期逐渐发展为高速铁路轨道技术领域中的基础技术；而技术类别#8、#16、#7、#10、#13 成为该技术领域中的新兴技术发展分支，具有一定的发展潜力；技术类别#0、#3、#11 等呈现出逐步下降的趋势，显示出相应的发展潜力在逐步降低。在竞争者方面发现，中国专利权人在数量上逐渐占据优势；此外一些专利权人如 SIEI-C、ALSM-C、GENE-C、BEIJ-N 等表现出持续稳定的竞争状态，它们是中国高铁企业应当重点关注的竞争对手。

三、竞争优势发展对策建议

在本章中，所提出的专利路线图可以在实践中被应用，即通过观察和预测专利竞争态势来帮助企业实现一系列的战略分析目标，包括发现专利布局机会和避免专利侵权风险。具体而言，专利路线图的功能和目标体现为，促进技术创新、识别主要的竞争对手以及对当前和未来的竞争态势进

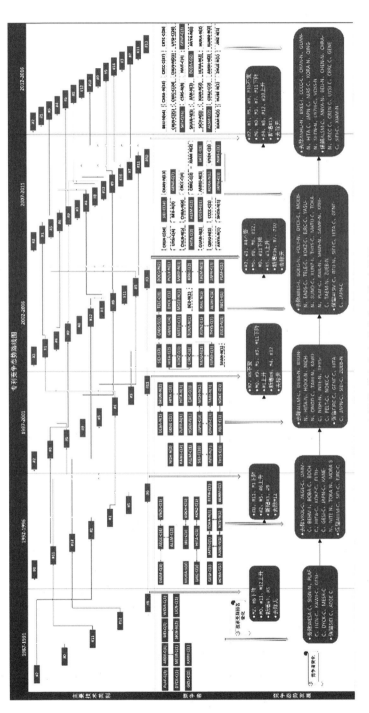

图 5-8　高铁轨道产业专利竞争态势路线图

行评估等。在该类专利路线图中，许多实践中的战略分析目标可以对应于路线图中的不同要素。例如，一个专利布局机会可以由专利路线图中的象限空白区域所反映，某个技术领域的创新增长可以对应于专利数量的增长，主要竞争对手可以由占据较广分布范围的专利权人节点所显示，专利竞争态势可以由各个技术类别下专利权人节点和对应连线的聚集程度反映。根据对专利竞争状态和竞争态势的分析，本书针对中国高铁轨道技术领域相关产业"走出去"战略提出关于获取及发展竞争优势的相关策略。

（1）高铁产业重点龙头企业应加强对技术创新和专利布局的持续投入。可以看到，早期的许多欧洲铁路领域专利权人节点持续时间较短，在竞争发展过程中逐步退出了高铁轨道技术领域。其原因之一是它们未能实现对该技术领域持续的专利布局，这最终导致他们的竞争优势不断丧失。而一些专利权人如西门子、阿尔斯通、通用电气等则保持着持续的专利布局活动，因而在国际范围内表现出强大的竞争实力。对于中国企业而言，尽管在近期的专利活动表现出数量优势，但其中大部分专利都是中国国内布局，随着中国高铁"走出去"进程的加快，海外高铁市场的比重将不断提升，因此应当特别注意海外的专利布局工作，在加强技术创新投入的同时还要尽快在美国、欧洲等主要国家或地区完成专利布局工作。

（2）高铁产业重点企业需要重视对技术发展趋势变化的分析和识别工作。从对竞争态势的分析可以看到，在高速铁路轨道技术领域正在发生巨大的技术变革，不断产生新的技术类别和分支，这最终推动该技术领域不断突破和发展。因此，对于中国高铁企业而言，应当关注该技术领域在国际范围的发展动态和趋势，构建专利风险预警机制以避免重复研发和落后于国际专利布局上的新趋势。

（3）由产业主管部门推进组建中国高铁产业联盟，并加强与国外高铁专利权人的跨国合作。中国企业在"走出去"的过程中，与国外企业之间激烈的市场竞争无法避免，但可以采取一些措施来协调中国本国企业之间的竞争，以避免内部竞争而给"走出去"进程造成阻碍。可以考虑将各中国高铁企业联合起来以组建高铁产业联盟，打通高铁产业上中下游细分领域，形成全产业链创新体系并制定产业对外合作与竞争策略来对整个产业进入国际市场的发展进行规划和协调。

本章小结

　　本章的主要内容包括以下几个方面。①在技术路线图的基础上对专利路线图的相关概念进行了完善，并充分考虑和融合了专利信息、专利竞争及战略规划等概念。②在专利路线图的构建上，结合使用了多种方法来实现创新，包括专利检索、专利分析、专利地图和文本聚类等。③对专利路线图的应用做出了扩展，如在案例研究中展示了如何使用专利路线图预测专利和技术发展趋势、分析专利竞争态势、制定专利布局策略等。然而需要注意的是，在本章中所展开的研究仍需要进一步展开，主要包括以下方面。首先，在本章所提出的专利路线图中，构建路线图所考虑的维度和层次需要进一步扩展，从而为观察和分析专利竞争态势提供更多的视角。在本章中只有少部分的专利信息在专利路线图中得到了充分展现和应用。就技术上而言，目前还难以直接获取专利文档中的许多要素信息并将其应用于专利路线图的构建和制作中，如专利来源国、优先权、专利家族以及专利引证等。专利竞争态势与这些要素信息之间的关联还可以有更深入地解释。其次，在本章中所运用的专利分析和专利地图等方法还需要进一步完善。这些方法的运用是构建本章所提出的专利路线图的基石，路线图最终在实践中的分析功能和应用效果取决于使用方法的准确性和有效性。同时不可忽视的是，本章所选取的德温特数据库及 CiteSpace 软件在功能上存在着局限性。正如本章案例分析所展示的那样，整个路线图的构建过程需要通过组成一系列复杂的流程和环节才能顺利展开，而不是直接将信息从专利文档转向专利路线图，因而在实践运用中对于企业而言仍缺乏易操作性。

第六章 高铁轨道产业专利生命周期分析及策略思考

第一节 技术生命周期理论

在新时期，随着新兴技术发展节奏的加快，不同技术领域之间的差异趋于弱化而联系逐渐加强，从而推动了新旧技术的更替。从发展轨迹来看，技术创新的发展的周期性特征越来越明显，这说明技术创新发展是有规可循的。此外，在技术管理和专利挖掘实践中，对技术预测已经有了更高的要求，因而需要进一步发展与探索技术生命周期理论及其应用。美国公布的一份《2016—2045 年新兴科技趋势报告》指出，在未来 30 年可能影响国家核心优势的新兴科技集中在物联网、量子计算、先进材料等 20 个技术领域。该报告是由美国政府组织、咨询公司、智库、科研院所等多家机构发表的 32 份科技发展趋势研究报告提炼而成的，通过对近 700 项前沿科技的对比总结了最为重要的 20 项技术并讨论了如何利用技术创新和适应技术变化的战略问题。[①] 根据该报告可以了解未来新兴科技的大致发展方向，但并不能解决指引创新等深层次问题。对于后发国家而言，制定和实施符合本国国情的创新战略需要更多的理论支撑。[②]

技术生命周期理论的形成基础之一是逻辑斯蒂增长曲线（Logistic

---

① 《美国：未来三十年新兴科技趋势报告 | 看看与轨道交通相关的有哪些?》，2018 年 1 月 4 日，搜狐网：http://www.sohu.com/a/214670565_682294，2018 年 1 月 26 日访问。

② 傅瑶、孙玉涛、刘凤朝：《美国主要技术领域发展轨迹及生命周期研究——基于 S 曲线的分析》，《科学学研究》2013 年第 2 期。

Growth Curve），也称"S 型曲线"，最早由 Verhulst 于 1838 年提出。[①] 该增长曲线的含义是技术创新的演化路径具有规律性，并在一定的时期内呈现单个或多个循环的 S 型发展轨迹。通常而言，从整体层面可以将 S 型曲线进一步阶段性划分为萌芽期、成长期、成熟期和衰退期。这与产业生命周期的表现形式十分类似。[②]

国内许多学者在技术生命周期理论的基础上运用专利信息展开分析。赵莉晓通过从美国专利商标局搜集 RFID 技术相关的专利数据，针对该技术的发展展开了研究和预测，并结合行业发展战略提出了相应的建议。[③] 而钟华、邓辉则是在技术生命周期理论的基础上对专利组合的判别问题展开了研究，主要是出于对竞争对手的监控及技术发展预测的目的。[④] 周曼等人对植物防霜技术专利展开了分析，在技术生命周期理论的基础上对比了中日两国在该技术领域中的专利发展情况。[⑤] 总的来看，国内有关技术生命周期的研究大多停留在理论梳理和概括的阶段，缺少使用定量研究方法和利用专利数据的相关研究。

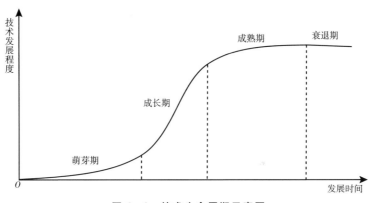

图 6－1　技术生命周期示意图

①　钟华、邓辉：《基于技术生命周期的专利组合判别研究》，《图书情报工作》2012 年第 18 期。

②　Porter M E, *Competitive Strategy: Techniques for analyzing industries and competitors*, New York: Free Press, 1980, pp. 157 – 162.

③　赵莉晓：《基于专利分析的 RFID 技术预测和专利战略研究——从技术生命周期角度》，《科学学与科学技术管理》2012 年第 11 期。

④　钟华、邓辉：《基于技术生命周期的专利组合判别研究》，《图书情报工作》2012 年第 18 期。

⑤　周曼、王秀红：《基于技术生命周期理论的植物防霜专利技术分析》，《图书情报研究》2017 年第 3 期。

根据技术生命周期理论，某个技术领域的发展规律按照如图 6-1 所示的曲线进行，即在发展过程中会历经萌芽期、成长期、成熟期和衰退期这四个阶段。总的说来，各个阶段的发展具有以下特征。①萌芽期。这一时期是技术发展的起步阶段，就创新总量而言不多，许多技术问题待解决使得技术的整体发展需要进一步探索。②成长期。技术对应的创新总量呈现指数式的增长，在该时期重大的技术问题得到了解决并产生了积极的具有重要市场应用价值的技术效果。这吸引更多的研发组织和人员参与到该技术领域的活动中。③成熟期。在这一时期，随着参与到该技术领域的研究人员越来越多，该技术对应的创新博弈过程也随之产生，各个研发主体在市场中面临着竞争压力，最终成熟且稳定的技术在竞争中胜出。④衰退期。在这一时期，原有的成熟技术面临着更新换代的挑战，不仅在市场应用上的价值越来越低，在技术竞争上的优势也越来越弱。就技术的长期发展而言，其发展轨迹可能不只是一个 S 型曲线，而是多个 S 型曲线的组合。[①] 如图 6-2 所示为单一型与连续型 S 型曲线的比较。

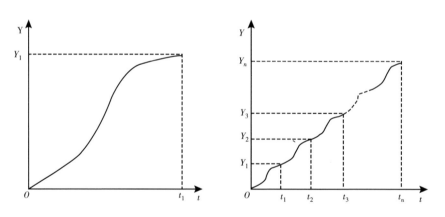

图 6-2　单一型与连续型 S 型曲线

在上述这四个技术发展阶段的基础上，本章的主要目的是结合高速铁路轨道技术的专利信息展开技术生命周期评价分析，并在评价结果的基础上构建专利路线图，为这一技术领域的中国相关产业的发展规划提供战略

---

① 王宇、帅斌、李季涛：《基于生长曲线的中国铁路网生命周期判定》，《交通运输系统工程与信息》2015 年第 1 期。

支撑。在评价过程中构建相应的发展模型，并主要运用定量与定性相结合的方法展开分析。

第二节　数据来源与分析方法

一、数据来源

本章所采用数据主要来自智慧芽专利数据库，主要涉及国内和国外的高速铁路轨道技术相关的专利数据。在本章的技术生命周期分析中，主要从总体专利申请量、主要技术分支对应专利量及主要专利申请人对应专利量来进行考察和分析。在第四章所检索的国内和国外专利数据的基础上，整理上述三个指标的时间序列数据，并将国内与国外的数据进行比较和分析。

二、主要分析模型比较

本章在现有研究的基础上，针对高速铁路轨道技术领域展开技术生命周期评价分析，并构建相应的数学模型。基于前面的专利检索数据，本章运用 LogletLab 4.0 软件对数据进行运算。基于前面对产业总体专利情况的分析，中国专利与国际专利的申请及公开发展趋势均近似于 S 型曲线，因此较为适合用 S 型曲线的相关模型来进行分析。在 LogletLab 4.0 软件中提供了对应三种不同数学模型 S 型曲线的分析功能，如表 6 - 1 所示。

表 6 - 1　常用的三种 S 型曲线模型

数学模型	微分方程	累积曲线方程	线性方程
逻辑斯蒂模型	$\dfrac{d}{dt}Y = rY\dfrac{K-Y}{K}$	$y = \dfrac{K-d}{1+e^{-r(t-t_m)}} + d$	$-ln\left[\dfrac{K-Y}{Y}\right] = rt + c$

数学模型	微分方程	累积曲线方程	线性方程
冈珀茨模型	$\dfrac{d}{dt}Y = rY ln\left[\dfrac{K}{Y}\right]$	$y = (K-d)e^{-e^{r(t-t_m)}} + d$	$-ln\left[\left(ln\dfrac{K}{Y}\right)\right] = rt + c$
理查德模型	$\dfrac{d}{dt}Y = rY\left(\dfrac{K-Y}{K}\right)^v$	$y = \dfrac{K-d}{\left(1 + \dfrac{1}{v}e^{-r(t-t_m)}\right)^v} + d$	$-ln\left[\left(\left(\dfrac{K}{Y}\right)^v - 1\right)\cdot v^{-1}\right] = rt + c$

（1）逻辑斯蒂模型

逻辑斯蒂（Logistic）模型是分析 S 型曲线所用到的主要数学模型之一，又称自我抑制性方程，其表现形式为对称的 S 型曲线。在 LogletLab 4.0 软件中，通常将参数 d 设置为 0，这样累积曲线方程就简化为：

$$Y_t = \frac{K}{1 + e^{-r(t-t_m)}}$$

其中 Y_t 为 S 型曲线中代表技术总量的因变量。t 为 S 型曲线中代表发展时间（ $t > 0$ ）的自变量。K 为逻辑斯蒂模型对应 S 型曲线所能达到的上限值。r 为 S 型曲线的倾斜度，该变量与增长时间 $T_{0.1-0.9}$ 有关，计算公式为 $r = \dfrac{ln(81)}{T_{0.1-0.9}}$，其中 $T_{0.1-0.9}$ 为 S 型曲线中技术总量 Y_t 从 K 值的 10% 增长到 90% 所需要的总共时间。t_m 为 S 型曲线的技术总量 Y_t 达到 K 值的二分之一时的时间点，也称 S 型曲线的中点。S 型曲线相对中点对称，即在曲线中技术总量的快速增长期和减速增长期大致相同。

（2）冈珀茨模型

冈珀茨（Gompertz）模型最早是用来描述种群消亡规律的生长模型，是一类不对称的生长模型。同样的，在 LogletLab 4.0 软件中，通常将参数 d 设置为 0，这样累积曲线方程就简化为：

$$Y_t = K e^{-e^{r(t-t_m)}}$$

其中 Y_t 为 S 型曲线中代表技术总量的因变量。t 为 S 型曲线中代表发展时间（ $t > 0$ ）的自变量。K 为该模型对应 S 型曲线所能达到的上限值。r 为 S 型曲线的倾斜度。t_m 为 S 型曲线拐点对应时间。

（3）理查德模型

理查德（Richards）模型也是一类不对称的生长模型。[①] 在 LogletLab 4.0 软件中，通常将初始参数 d 设置为 0，这样累积曲线方程就简化为：

$$y = \frac{K}{\left(1 + \frac{1}{v}\, e^{-r(t-t_m)}\right)^{v}}$$

其中 Y_t 为 S 型曲线中代表技术总量的因变量。t 为 S 型曲线中代表发展时间（$t > 0$）的自变量。K 为该模型对应 S 型曲线所能达到的上限值。r 为 S 型曲线的倾斜度。当初始参数 v 为 1 时，该模型就转换为逻辑斯蒂模型。

综合比较上述三种模型可以发现，逻辑斯蒂模型相对于其他两种模型有着更好的数据拟合性。这主要是因为冈珀茨模型和理查德模型均是非对称模型，它们所应用的对象具有一定的特殊性质，不具有增长的普适性。[②] 因此对于专利增长预测分析，使用逻辑斯蒂模型会有更好的拟合精度。[③] 基于 LogletLab 4.0 软件和逻辑斯蒂模型，对中国及国际专利的总体专利数量、主要技术分支和主要专利申请人展开 S 型曲线拟合分析，得到分析结果如第三节所示。

第三节　基于逻辑斯蒂模型的 S 型曲线拟合分析

一、总体专利数量发展预测

1. 中国发展分析

利用 LogletLab 4.0 软件对高速铁路轨道技术的中国专利增长数据按

---

① 吴其苗、杨义群：《论 Richards 增长曲线》，《生物数学学报》2000 年第 4 期。

② 杨义群、吴良欢、张火法：《Gompertz 曲线与 logistic 增长曲线之比较》，《生物数学学报》1993 年第 3 期。

③ 葛雄灿、吴次芳：《S 型增长模型之比较、组合预测及应用》，《生物数学学报》2000 年第 3 期。

照对称 S 型曲线进行拟合，得到了逻辑斯蒂模型各参数的拟合统计结果，具体如表 6 – 2 所示。拟合得到的 K 值为 2873，另外拟合优度 R^2 值为 0.993，结果显示拟合效果比较理想。

表 6 – 2　中国高速铁路轨道技术专利增长拟合结果统计

Logistic	d	K	a	t_m	r	1%	10%	50%	90%	99%
Phase 1	0	2873	11.1	2013	0.397	2001	2007	2013	2019	2024
Logistic	SSE	RMS	MAD	MAPE	SE	ln[MLE]	AICc	R^2	p	
Phase 1	37188	48.2	43.4	0.144	53.5	– 84.7	177	0.993	1.22E – 16	

对拟合结果的分析显示，国内高速铁路轨道技术发展的萌芽期、成长期、成熟期分别为 1985—2007 年、2007—2019 年、2019—2024 年。在萌芽期内 2001 年是关键的转折点，是专利发展从几乎空白向较低发展水平过渡。在成长期内 2013 年是增速变化的转折点，此后技术增长速度逐步减缓。此外，2024 年是技术发展形成饱和的转折点。

进一步进行图示化得到结果如图 6 – 3 所示。图中的第一幅图"Growth of HSRT Patents"为生长周期 S 型曲线拟合图，第二幅图"Component Analysis"为生长周期的组成成分拟合图，第三幅图"Fisher-Pry"为生长周期的线形拟合图，第四幅图"Rate"为生长周期的钟形拟合图。上述这些不同类型的拟合图从多个方面对拟合结果进行了证实。而由图中可以看出，中国高铁专利发展起步晚，但目前处于增长阶段。

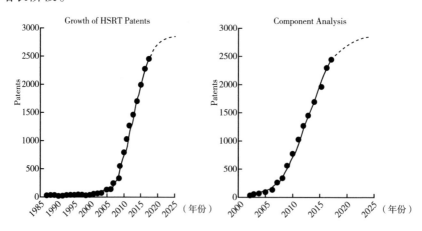

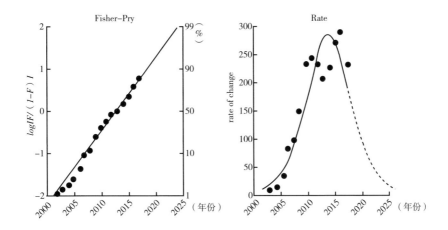

图 6 – 3 中国专利增长生命周期拟合图

2. 国际发展分析

对于国际专利增长数据，其进行 S 型曲线拟合的统计结果如表 6 – 3 所示。国际专利的发展时间跨度较大，因此较为理想的处理方法是使用三段逻辑斯蒂模型来进行拟合。三段拟合的 K 值分别为 873、1047 和 2678，三段拟合优度 R^2 分别为 0.946、0.975、0.994，结果显示出较为理想的拟合效果。

表 6 – 3 高速铁路轨道技术国际专利增长拟合结果统计表

Logistic	d	K	a	t_m	r	1%	10%	50%	90%	99%
Phase 1	0	873	30.2	1950	0.146	1919	1934	1950	1966	1982
Phase 2	0	1047	26.9	1976	0.163	1947	1961	1976	1990	2004
Phase 3	0	2678	30.5	2004	0.144	1972	1988	2004	2020	2036

Logistic	SSE	RMS	MAD	$MAPE$	SE	$\ln[MLE]$	$AICc$	R^2	p
Phase 1	214561	58.4	49.5	0.590	59.8	– 346	698	0.946	2.93E – 35
Phase 2	165115	54.3	44.4	0.620	55.8	– 303	613	0.975	1.14E – 29
Phase 3	136797	54.5	42.5	0.189	56.4	– 250	506	0.994	3.03E – 51

利用 LogletLab 4.0 软件将国际专利增长数据的拟合结果可视化如图 6-4所示。

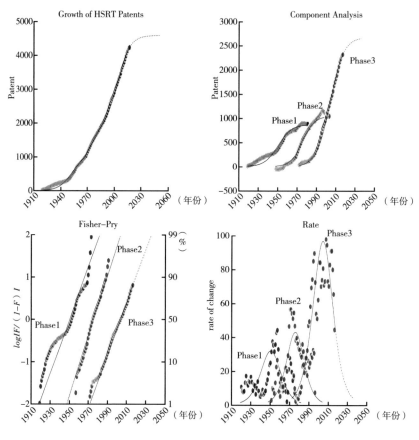

图 6-4　国际专利增长生命周期拟合图

由该图可以看出，国际高铁轨道专利有三个技术发展阶段。结合拟合统计结果，得出国际专利增长周期各阶段的划分分别为：第一阶段萌芽期在 1919—1934 年，成长期在 1934—1966 年，成熟期在 1966—1982 年；第二阶段萌芽期在 1947—1961 年，成长期在 1961—1990 年，成熟期在 1990—2004 年；第三阶段萌芽期在 1972—1988 年，成长期在 1988—2020 年，成熟期在 2020—2036 年。另外，第一阶段和第二阶段都处于一个衰退期状态，而第三阶段处于增长期状态。

二、主要技术分支发展预测

1. 中国高速铁路轨道技术专利分支分析

进一步对中国高速铁路轨道技术专利展开深入分析，选取十个最为主要的技术分支（以 IPC 分类小组为代表，具体含义可参见附录一）进行发展生命周期分析，并利用 LogletLab 4.0 软件进行逻辑斯蒂拟合，最后得到的拟合统计结果如表 6 - 4 和表 6 - 5 所示。由表 6 - 5 的统计结果看出，各技术分支的拟合优度 R^2 显示出比较理想的拟合效果。

表 6 - 4　中国高速铁路轨道技术专利主要技术分支拟合参数及周期点

Logistic	d	K	a	t_m	r	1%	10%	50%	90%	99%
E01B29/00	0	412	10.4	2013	0.423	2003	2008	2013	2019	2024
E01B1/00	0	376	10.9	2012	0.403	2001	2007	2012	2018	2024
E01B2/00	0	170	13.1	2014	0.336	2001	2007	2014	2021	2028
E01B35/00	0	137	11.3	2012	0.387	2000	2006	2012	2018	2024
B28B7/22	0	88.8	5.98	2009	0.735	2003	2006	2009	2012	2015
E01B29/06	0	66.3	6.07	2009	0.724	2003	2006	2009	2012	2016
E01B19/00	0	104	11.5	2015	0.384	2003	2009	2015	2021	2027
E01B37/00	0	48	8.03	2009	0.548	2001	2005	2009	2013	2018
B28B7/02	0	51.5	4.48	2008	0.98	2003	2005	2008	2010	2012
B28B23/04	0	178	11	2019	0.4	2008	2014	2019	2025	2031

表 6 - 4 显示，技术分支 B28B7/22、E01B29/06、E01B37/00 和 B28B7/02 已经较早地进入了成熟期，显示出技术发展疲态；而其他技术分支的成熟期进入点在 2024—2031 年间，显示出较大的技术发展潜力。

表 6 - 5　中国高速铁路轨道技术专利主要技术分支拟合统计值

Logistic	SSE	RMS	MAD	$MAPE$	SE	$ln[MLE]$	$AICc$	R^2	p
E01B29/00	2310	12.4	10.9	0.338	13.9	- 59.1	126	0.977	4.64E - 12
E01B1/00	3062	13.4	10.7	0.245	14.8	- 68.3	144	0.961	5.66E - 12
E01B2/00	162	3.09	2.57	0.164	3.4	- 43.3	94.4	0.972	4.44E - 13
E01B35/00	629	7.24	5.89	0.165	8.36	- 40.8	90.7	0.968	7.87E - 09
B28B7/22	1657	12.9	10.5	0.333	15.4	- 39.7	89.5	0.762	0.000975
E01B29/06	79.1	2.47	1.84	0.204	2.81	- 30.2	69.1	0.952	1.41E - 08
E01B19/00	50.8	1.91	1.54	0.151	2.15	- 28.9	66.2	0.977	3.01E - 11

续表

Logistic	*SSE*	*RMS*	*MAD*	*MAPE*	*SE*	$ln[MLE]$	*AICc*	R^2	*p*
E01B37/00	169	3.16	2.33	0.229	3.48	-43.7	95.2	0.938	3.1E-09
B28B7/02	167	4.88	4.22	0.219	6.45	-21	56.1	0.820	0.00502
B28B23/04	44.5	2.11	1.84	0.248	2.52	-21.7	53.3	0.934	0.0000052

　　根据拟合得到的结果，利用 LogletLab 4.0 软件将其可视化如图 6-5 所示。结合表 6-4 和表 6-5 的分析结果，由生长周期 S 型曲线拟合图及生长周期的组成成分拟合图显示 E01B29/00 和 E01B1/00 有着较大的 *K* 值，显示出其发展具有较高的上限；而 E01B37/00、B28B7/02 的 *K* 值较小，其生长周期也较短，因而显示出这些技术分支发展的上限较低。

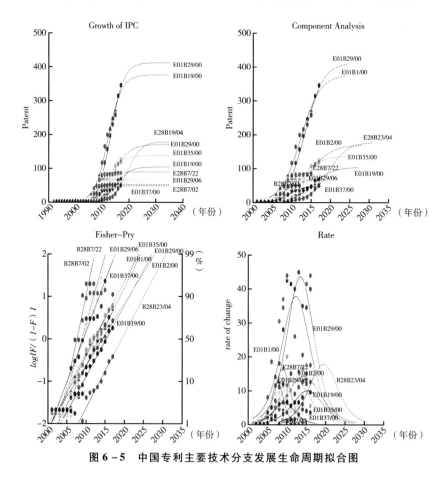

图 6-5　中国专利主要技术分支发展生命周期拟合图

2. 高速铁路轨道技术国际专利技术分支分析

基于同一思路，利用 LogletLab 4.0 软件对高速铁路轨道国际专利的主要技术分支增长数据进行逻辑斯蒂拟合，得到的拟合参数及周期点如表6-6所示，拟合统计结果如表6-7所示。

表6-6　高速铁路轨道技术国际专利主要技术分支拟合参数及周期点

Logistic	d	K	a	t_m	r	1%	10%	50%	90%	99%
E01B1/00	0	201	36.5	2001	0.12	1963	1982	2001	2020	2039
E01B27/00	0	102	51.9	1980	0.0846	1926	1953	1980	2007	2035
E01B2/00	0	112	40.3	2001	0.109	1958	1980	2001	2022	2043
B61L3/00	0	95.8	76.4	1962	0.0575	1882	1922	1962	2002	2042
E01B25/00	0	91.9	57.8	1986	0.076	1925	1956	1986	2016	2046
E01B29/00	0	84.4	45.5	1994	0.0967	1947	1970	1994	2018	2042
E01B19/00	0	62.9	22.3	1995	0.197	1971	1983	1995	2006	2018
B61B13/00	0	68.8	55.9	1994	0.0786	1936	1965	1994	2023	2053
B61K7/00	0	49.9	29.4	1959	0.15	1929	1944	1959	1975	1990
E01B27/17	0	48	29.8	1984	0.147	1952	1968	1984	1999	2015

由表6-6的结果显示出，技术分支 B61K7/00 早在1975年就进入了成熟期，另外 E01B27/17 和 E01B19/00 都在近期进入成熟期阶段，而其他七个技术分支都显示出非常大的技术潜力，基本是在2035—2053年进入技术成熟期。由表6-7的拟合优度值 R^2 显示出各主要技术分支有较为理想的拟合效果。

表6-7　高速铁路轨道技术国际专利主要技术分支拟合统计值

Logistic	SSE	RMS	MAD	$MAPE$	SE	$ln[MLE]$	$AICc$	R^2	p
E01B1/00	739	3.7	2.85	0.111	3.81	-147	301	0.984	1.16E-48
E01B27/00	368	2.06	1.69	0.139	2.09	-186	379	0.988	6.16E-83
E01B2/00	380	2.76	2.21	0.166	2.84	-122	250	0.972	5.74E-39
B61L3/00	1125	3.37	2.66	0.105	3.42	-261	528	0.966	8.34E-73

续表

Logistic	*SSE*	*RMS*	*MAD*	*MAPE*	*SE*	*ln*[*MLE*]	*AICc*	*R²*	*p*
E01B25/00	773	2.9	2.34	0.316	2.95	−228	463	0.96	1.66E−64
E01B29/00	469	2.57	2.01	0.288	2.63	−168	342	0.975	8.9E−57
E01B19/00	180	1.98	1.59	0.199	2.05	−96.7	200	0.977	2.27E−35
B61B13/00	311	2.52	1.86	0.104	2.6	−115	236	0.914	9.88E−27
B61K7/00	249	2	1.72	0.519	2.05	−131	269	0.97	1.7E−47
E01B27/17	552	3.32	2.82	0.176	3.43	−131	269	0.929	3.41E−29

　　利用 LogletLab 4.0 软件将拟合结果进行可视化如图 6 - 6 所示。图中显示出 K 值最高的 E01B1/00 具有最大的增长量；而技术分支 B61K7/00 不仅 K 值最低，而且生长周期也较短，显示其进入了衰退期。

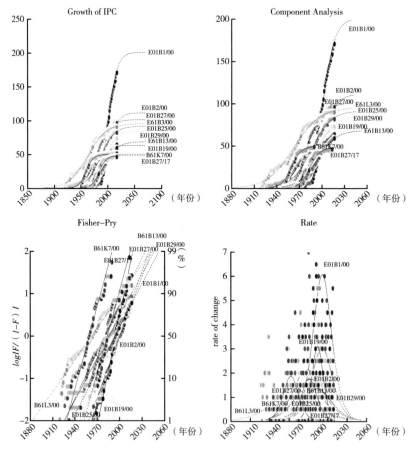

图 6 - 6　国际专利主要技术分支发展生命周期拟合图

三、主要高速铁路轨道技术专利申请人发展预测

1. 中国高速铁路轨道技术专利主要申请人

专利申请人的专利活动也具有一定的生命周期特征。根据之前检索得到的专利数据，本节选取了十个主要的中国专利申请人展开生命周期分析并进行逻辑斯蒂模型的拟合。利用 LogletLab 4.0 软件得到的拟合结果分别如表 6-8 和表 6-9 所示。其中表 6-8 为中国高速铁路轨道技术专利各主要申请人对应的逻辑斯蒂模型拟合参数及生命周期点，表 6-9 为拟合结果相应统计值。

表 6-8　中国高速铁路轨道技术专利主要申请人拟合参数及周期点

Logistic	d	K	a	t_m	r	1%	10%	50%	90%	99%
TEY	0	119	13.3	2014	0.33	2000	2007	2014	2021	2028
TSY	0	95.9	8.82	2014	0.499	2005	2010	2014	2019	2024
TJS	0	93.1	7.19	2014	0.611	2007	2010	2014	2018	2022
ESSJ	0	70.1	5.19	2009	0.847	2004	2006	2009	2012	2015
TYY	0	81.6	5.83	2014	0.753	2008	2011	2014	2017	2021
TBJ	0	50.9	4.48	2006	0.981	2001	2004	2006	2009	2011
XNJD	0	72.2	10.2	2014	0.429	2004	2009	2014	2020	2025
TWY	0	50	8.24	2013	0.533	2004	2009	2013	2017	2022
LHZG	0	32.9	3.18	2009	1.38	2005	2007	2009	2010	2012
ZTY	0	42.1	4.82	2015	0.912	2010	2012	2015	2017	2020

表 6-9　中国高速铁路轨道技术专利主要申请人拟合统计值

Logistic	SSE	RMS	MAD	$MAPE$	SE	$ln[MLE]$	$AICc$	R^2	p
TEY	126	3.38	3.01	0.123	3.97	-29	67.5	0.96	1.40E-07
TSY	193	4.19	3.3	0.297	4.91	-31.4	72.2	0.962	1.04E-07
TJS	122	3.69	3	0.149	4.52	-24.5	59.8	0.978	4.66E-07
ESSJ	168	4.1	3.26	0.218	4.9	-28.3	66.6	0.937	4.37E-06
TYY	338	6.13	4.43	0.254	7.5	-29.1	69	0.95	8.09E-06
TBJ	76.4	3.91	2.79	0.0924	6.18	-13.9	57.8	0.932	7.63E-03

续表

Logistic	SSE	RMS	MAD	$MAPE$	SE	$ln[MLE]$	$AICc$	R^2	p
XNJD	62.1	2.19	1.94	0.338	2.49	−28.6	65.9	0.953	1.13E−08
TWY	45.6	2.14	1.8	0.177	2.55	−21.8	53.6	0.961	6.68E−07
LHZG	96.2	4.9	4.33	0.288	9.81	−12	NaN	0.692	1.68E−01
ZTY	11	1.35	1.17	0.182	1.92	−10.6	39.2	0.968	3.99E−04

除了 LHZG 外，其他专利申请人的拟合效果都较为理想。此外根据拟合结果及相应的可视化图表可以看出，国内主要专利申请人中 ESSJ、TBJ、LHZG 已经较早地进入了技术成熟期，而其他的专利申请人的成熟期进入时间分布在 2020—2028 年。

根据拟合结果，将其可视化得到结果如图 6−7 所示。由图中可以看到，TEY、TSY、TJS 等都具有较高的 K 值，因而具有较高的发展潜力；而 LHZG 和 ZTY 的 K 值较低显示出发展潜力较低，但 LHZG 已经进入了衰退期而 ZTY 目前还有较长的发展阶段。

2. 高铁轨道技术国际专利主要申请人

基于同样思路，对高铁轨道技术国际专利的主要申请人展开技术生命周期分析。利用 LogletLab 4.0 软件，得到的拟合结果分别如表 6−10 和表 6−11 所示。其中表 6−11 的拟合优度值 R^2 显示各主要专利申请人都有较为理想的拟合效果。

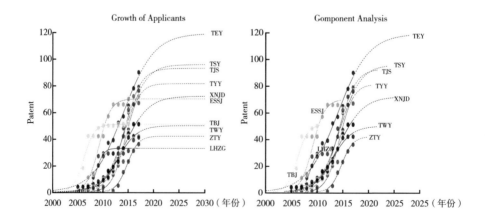

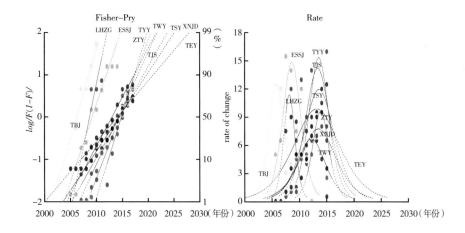

图 6 - 7　中国高铁轨道技术专利主要申请人发展生命周期拟合图

表 6 - 10　高铁轨道技术国际专利主要申请人拟合参数及周期点

Logistic	d	K	a	t_m	r	1%	10%	50%	90%	99%
FRANZ	0	79.1	26.1	1982	0.168	1955	1968	1982	1996	2009
SIEM	0	35.8	60.3	1993	0.0729	1930	1962	1993	2025	2056
GRS	0	31.1	42.5	1950	0.103	1905	1927	1950	1972	1994
WBS	0	26.8	33.3	1953	0.132	1919	1936	1953	1971	1988
KRRI	0	44.9	20.9	2014	0.21	1992	2003	2014	2025	2036
HITA	0	25.4	30.5	1996	0.144	1964	1980	1996	2012	2028
GE	0	40.1	93.6	2014	0.047	1916	1965	2014	2063	2112
GS	0	17.1	17.6	1969	0.25	1951	1960	1969	1978	1987
MDKK	0	15.5	32	2003	0.137	1970	1986	2003	2020	2037
RTRI	0	14.5	32.9	2000	0.133	1966	1983	2000	2018	2035

　　拟合结果显示，国际主要专利申请人中 FRANZ、GRS、WBS、GS 等已经较早地进入了技术成熟期，而其他大部分专利申请人进入成熟期的时间分布在 2025—2063 年。GE 进入技术成熟期的时间最晚，拟合结果分析其在 2063 年才进入技术成熟期，这可能与其大跨度的技术发展时间有关，该申请人早在 1916 年就有相关专利活动。

　　最后结合拟合分析结果进行可视化得到图 6 - 8，从中可发现国外主要专利申请人中以 FRANZ 的专利增长数量最多，但在后期增长乏力；而 GE 的增长速度较慢，但发展的时间跨度更长，显示出较强的发展潜力。

表 6-11 高铁轨道技术国际专利主要申请人拟合统计值

Logistic	SSE	RMS	MAD	MAPE	SE	ln[MLE]	AICc	R^2	p
FRANZ	492	3.05	2.57	0.316	3.14	-134	275	0.983	1.23E-46
SIEM	342	2.33	1.98	0.238	2.39	-143	292	0.926	3.98E-36
GRS	435	2.51	2.04	0.179	2.57	-161	329	0.868	3.24E-31
WBS	202	1.95	1.63	0.15	2.01	-111	228	0.903	5.27E-26
KRRI	21.9	1.1	0.823	0.11	1.21	-27.3	62.3	0.97	1.24E-13
HITA	60.3	1.26	1.06	0.103	1.31	-62.7	132	0.965	7.21E-28
GE	197	1.67	1.44	0.257	1.7	-137	280	0.873	1.3E-32
GS	26.5	0.991	0.779	0.133	1.05	-38.1	83.2	0.959	6.7E-19
MDKK	19.2	0.741	0.623	0.152	0.775	-39.2	85.1	0.962	6.07E-25
RTRI	47.7	1.3	1.07	0.186	1.38	-47.2	101	0.859	1.44E-12

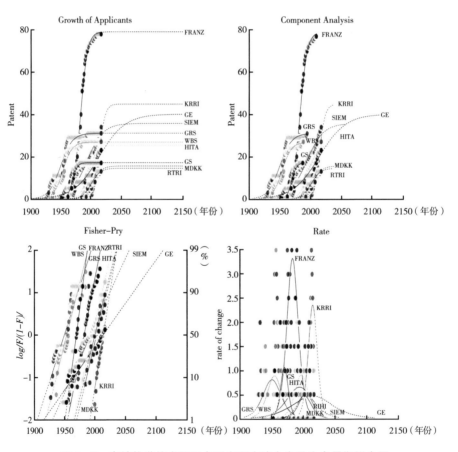

图 6-8 高铁轨道技术国际专利主要申请人发展生命周期拟合图

第四节　高铁轨道技术专利生命周期路线图与发展对策

一、高铁轨道技术专利生命周期路线图构建框架

在本书中，结合技术生命周期理论和分析方法，并基于为专利布局和技术创新进行导航的目标，专利生命周期路线图构建框架如图6-9所示。在图6-9中，横轴指示的是时间变化发展趋势，左侧纵轴包含了三个分析维度，分别是专利总体趋势、主要技术分支和主要专利申请人。这三个分析维度在专利路线图中有各自的发展泳道，并对应时间区间表现出萌芽期、成长期、成熟期三个发展时期。其中，由专利总体趋势维度的分析可以得出相应的发展愿景，而由主要技术分支和主要专利申请人维度的分析可以对应发展愿景得出这两个维度中各自的优先级排序，即可以优先发展哪些主要技术分支类别和优先关注哪些主要专利申请人。

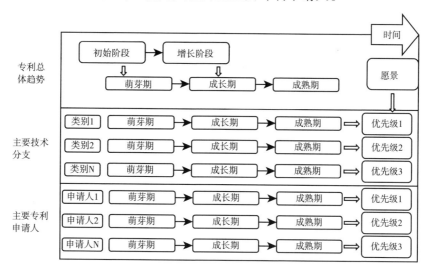

图6-9　专利生命周期路线图构建框架

在针对高速铁路轨道技术领域构建专利生命周期路线图的过程中,可以对应中国专利和国际专利分别构建,以对比观察国内与国外之间的生命周期发展的联系和差异。根据技术生命周期理论,应用上述专利路线图的意义主要在于:①分析专利总体的发展生命周期,以确定在中国和国际范围内进行专利布局及产业整体发展目标;②对各个主要技术分支类别的发展生命周期展开比较分析,以确定具有发展潜力的技术分支领域和识别潜力用尽的技术分支领域;③对各个主要专利申请人的发展生命周期展开比较分析,以确定在近期和未来具有竞争力的专利申请人。

二、专利路线图分析

根据专利生命周期路线图构建框架,分别得到国际和国内的专利生命周期路线图如图 6 – 10 和图 6 – 11 所示。

从图 6 – 10 可以看到,国际专利的总体发展生命周期经历了三个阶段。而从图 6 – 11 可以看到,中国专利的发展生命周期只经历了一个阶段,在 1985 年之前的高速铁路轨道技术发展都处于空白阶段。而对比图 6 – 10 和图 6 – 11 可以看到,国际专利的发展相比中国而言发展阶段更多,生命周期的时间跨度更长,这与其深厚的技术发展基础有关;而中国专利的发展相比国际而言起步晚,从技术生命周期的角度来看其发展可能会遇到不小的困难。这是中国高铁轨道技术相关产业急需解决的问题。

在主要技术分支的优先级方面,国际专利的分析结果为,优先级一包含 B61B13/00,优先级二包含 E01B25/00、E01B2/00、B61L3/00、E01B29/00、E01B1/00 和 E01B27/00,优先级三包含 E01B19/00、E01B27/17 和 B61K7/00;中国专利的分析结果为,优先级一包含 B28B23/04,优先级二包含 E01B2/00、E01B19/00、E01B29/00、E01B1/00 和 E01B35/00,优先级三包含 E01B37/00、E01B29/06、B28B7/22 和 B28B7/02。

在主要专利申请人的优先级方面,国际专利的分析结果为,优先级一包含 GE,优先级二包含 SIEM、KRRI、HITA、MDKK 和 RTRI,优先级三包含 FRANZ、GRS、WBS 和 GS;中国专利的分析结果为,优先级一包含 TEY,优先级二包含 TSY、XNJD、TJS、TYY、TWY 和 ZTY,优先级三包含 ESSJ、TBJ 和 LHZG。

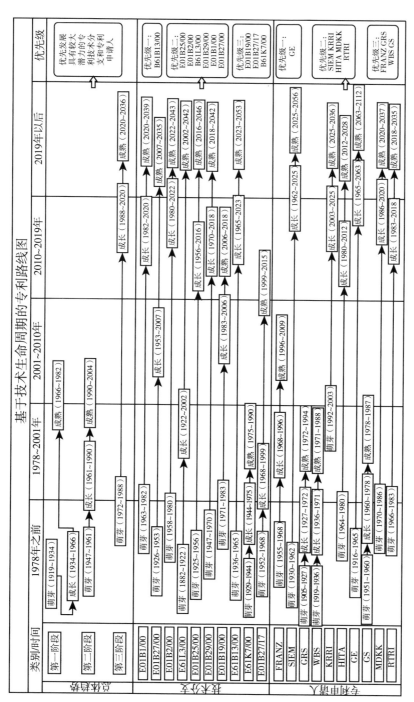

图 6 - 10　高铁轨道产业国际专利生命周期路线图

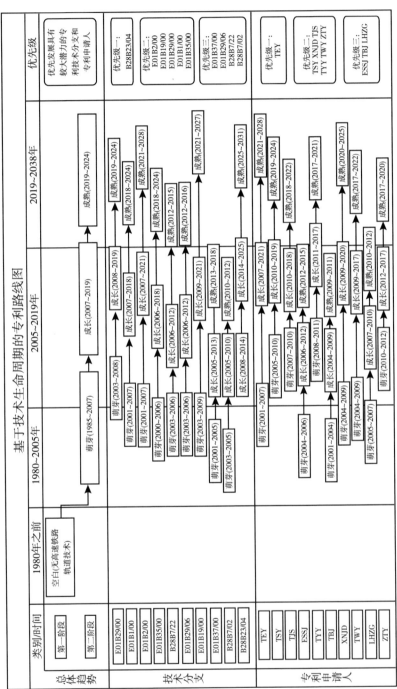

图 6－11 高铁轨道产业中国专利生命周期路线图

三、专利导航对策建议

通过专利路线图的分析可以发现，高速铁路轨道技术领域在专利布局上仍有强劲的增长动力。尽管国际范围内专利布局年申请量相对稳定，但由于已有深厚的技术基础，可以看出很有可能产生新阶段的技术生命周期，从而引发新的技术变革。而中国国内的专利布局年申请量趋于上升，但在国际竞争激烈的背景下，非常有可能在未来一段时间遇到技术发展瓶颈，因此国内相关产业应当注意在新的技术前沿上展开探索，推动新阶段技术生命周期的到来。综上所述，结合专利生命周期路线图的分析，本书针对高速铁路轨道技术领域的专利布局及专利导航提出以下发展策略建议。

（1）产业主管部门需要在技术合作框架中引导重点企业构建技术传播和信息共享机制，提升合作力度。随着国际化潮流的不断加强，"一加一大于二"的道理已经深入人心，可以看到已经出现越来越多的国际合作研发项目。因此对于高速铁路轨道技术领域的相关中国企业而言，应当意识到加强国际合作的重要性，从技术结构的角度出发选择技术优势互补、具有发展潜力的专利权人开展合作，并在合作过程中加强信息共享机制的建设，根据国际规则确定技术授权许可方式和研发成果分配机制，在促进技术创新的同时促进技术的传播，向外推广中国技术标准。

（2）重点企业需要加强专利保护和专利风险防范意识，构建国际国内专利预警机制。应当注意到，目前国内企业在国际范围内高速铁路轨道技术的专利布局并不多。这一方面可能是因为许多高铁需求大的国家没有建立起高标准的知识产权保护体系，无法提供有效的专利保护；另一方面可能是因为国内许多高铁企业并未重视海外的专利布局，对于国际竞争对手的专利布局现状及动态也不够了解。这些对于高铁产业"走出去"进程构成了严重的障碍和潜在风险。因此对国内高铁产业利益相关者而言，应当加强海外专利布局和对海外高铁项目中潜在专利风险的防范。

（3）高铁产业与重点企业需要加强中国高铁产业内部的专利信息的体系建设和利用，构建产业专利导航机制。专利信息资源和专利分析方法与产业技术创新、产品创新、组织创新和商业模式创新之间有紧密的联系，能够为产业科学发展提供引导和支撑。对于国内高速铁路轨道技术领域的相关企业而言，应当注意到专利信息分析与产业重大决策深度融合的重要性，应当尽快构建起专利导航产业发展的工作机制。

本章小结

本章基于高速铁路轨道技术专利信息及技术生命周期理论展开了技术生命周期分析，从专利申请总体趋势、主要技术分支和专利申请人等维度分析了不同的技术生命周期点，并分别对国际和国内的总体专利发展、主要技术分支的发展潜力、主要专利申请人在未来的技术竞争力进行了预测分析。在此基础上，构建了国际和国内专利生命周期路线图。从技术传播和信息共享机制、国际国内专利预警机制、产业专利导航机制三个方面提出了相应的发展对策建议。

第七章 "一带一路"沿线国家高铁轨道技术市场分析及策略思考

第一节 "一带一路"倡议与高铁"走出去"

一、"一带一路"内涵与发展模式

"一带一路"倡议自提出以来，受到国际社会的广泛关注。2017年5月14日，"一带一路"国际合作高峰论坛在北京顺利召开，在会上形成了76大项270多项具体成果，涵盖政策沟通、设施联通、贸易畅通、资金融通、民心相通五大方面。[①] 在促进设施联通方面，中国与柬埔寨、巴基斯坦、缅甸等多个国家交通运输部门或国家铁路公司签署了加强基础设施领域合作的谅解备忘录、协议等合作文件，并且不排除来自其他国家相关部门及企业的参与。"一带一路"沿线国家目前最大的需求就是基础设施建设项目。其原因在于，这些项目不仅能为本国创造大量的就业岗位，而且还能直接或间接地拉动70多个关联产业的发展，从而最终提升本国的经济增长水平。[②]

---

① 一带一路国际合作高峰论坛：《"一带一路"国际合作高峰论坛成果清单》（全文），2017年5月16日，http：//www.beltandroadforum.org/n100/2017/0516/c24-422.html，2018年1月7日访问。

② 梁海明：《一本书读懂"一带一路"》，西南财经大学出版社2018年版，第119—121页。

二、沿线国家基本情况

根据"一带一路网"的数据资料，"一带一路"主要经济走廊及沿路所涉国家如表7-1所示。

表7-1 "一带一路"主要经济走廊及沿线国家

主要经济走廊	沿路涉及国家
新亚欧大陆桥经济走廊	阿尔巴尼亚、阿塞拜疆、爱沙尼亚、白俄罗斯、保加利亚、波黑、波兰、格鲁吉亚、哈萨克斯坦、黑山、捷克、克罗地亚、拉脱维亚、立陶宛、罗马尼亚、马其顿、摩尔多瓦、塞尔维亚、斯洛伐克、斯洛文尼亚、乌克兰、匈牙利、亚美尼亚
中伊土经济走廊（中西亚经济走廊）	阿富汗、阿拉伯联合酋长国、阿曼、埃及、巴勒斯坦、巴林、吉尔吉斯斯坦、卡塔尔、科威特、黎巴嫩、沙特阿拉伯、塔吉克斯坦、土耳其、土库曼斯坦、乌兹别克斯坦、叙利亚、也门、伊拉克、伊朗、以色列、约旦
中新经济走廊	东帝汶、菲律宾、柬埔寨、老挝、马来西亚、泰国、文莱、新加坡、印度尼西亚、越南
孟中印缅经济走廊	不丹、马尔代夫、孟加拉国、缅甸、尼泊尔、斯里兰卡、印度
中巴经济走廊	巴基斯坦
中蒙俄经济走廊	俄罗斯、蒙古国

数据来源：一带一路网，https://www.yidaiyilu.gov.cn/。

三、高铁产业在"一带一路"中的意义及市场选择

交通对于区域经济的发展至关重要。俗话说"要致富，先修路"，与其他交通方式相比，高速铁路具有无可比拟的优势，对于帮助"一带一路"沿线国家的贸易、人员往来、经济融合都具有重要作用。因而在"一带一路"倡议中，高铁建设是实现"五通"之中的基础设施联通不可或缺的一环。对于"一带一路"建设而言，互联互通是贯穿始终的基本精神，而基础设施的打通更是"一带一路"建设中的优先领域。此外随着高铁技术的不断发展，大部分"一带一路"沿线国家对于建设高铁的兴趣不断提升，它们都有改造升级本国铁路系统的需求。但中国高铁产业自引进吸收国外技术以来的发展时间并不长，所能提供的资源十分有限，

因此对沿线国家全面展开市场布局是不现实的，要逐步地、阶段性地选择沿线国家市场进行布局。

第二节　高速铁路轨道技术市场潜力评价体系

一、指标选取原则

面向"一带一路"沿线 60 多个国家，中国高铁产业应当如何对相关市场的优先级进行排序，这是展开"一带一路"市场选择的重要问题。解决该问题的核心解决方案就是建立科学、直观、实用的评价指标体系。本章设计评价指标体系主要考虑以下几点原则。

（1）科学性原则。指标的选择及相应的量化指标应当是在对应理论的基础上建立的，并且符合相关统计标准。

（2）完整性原则。从整体层面而言，指标的选择和设计应当客观而又全面地反映市场情况，避免遗漏和重复。

（3）协调性原则。除了与高铁产业相联系外，在评价指标体系的各个指标之间也应当具有一定的联系，并且相互之间不存在冲突。

（4）可获取性原则。所选取的指标应当是符合"一带一路"沿线国家高铁市场评价实际需要的，并且有便利的数据获取支撑。

（5）实用性原则。所构建的评价指标体系最终能够用于"一带一路"市场进入决策，并且能够产生具有实用性的对策建议。此外还能够客观地反映"一带一路"沿线国家的基本情况，从而能够用于评价在该国发展高铁市场的潜力。

二、评价指标体系构建

在充分考虑上述原则并且梳理总结已有文献的基础上，本章构建的评价指标体系如表 7-2 所示。该评价指标主要考虑了经济发展、人口分布与消费情况、科技水平、知识产权保护、商业环境五个方面，其相应指标以及具体说明都已在表内展示。选择这些指标是为了对"一带一路"沿线国家发展高铁产业的潜力做出评估,因此这些指标都与高铁产业本身所具有的特点有关联。对单个国家而言,发展高铁产业需要一定的经济基

表7-2　"一带一路"沿线国家市场潜力评价指标体系

目标层	准则层	指标层	指标说明
高铁产业目标国选择(C)	经济发展(C_1)	国内生产总值(C_{11})	反映国家的经济表现和国力(单位:美元)
		国内生产总值年增长率(C_{12})	反映国家经济增长的动力和趋势
		国民总收入(C_{13})	反映国家居民的财富情况(单位:美元)
		年通货膨胀率(C_{14})	反映国内价格变动趋势和程度
		进口GDP占比(C_{15})	反映该国对外贸易的依存程度
	人口分布与消费情况(C_2)	人口总数(C_{21})	国家所有有生命活动个人总和
		人口年增长率(C_{22})	表示人口增长的趋势
		国土面积(C_{23})	表示一个国家拥有主权的国土范围大小
		人口密度(C_{24})	表示每平方千米国土内活动的人数总和
		城市人口年增长率(C_{25})	表示在该国城市范围内的人口增长趋势
		人均国民总收入(C_{26})	一个国家所有常住单位在一定时期内获得的各项收入总和,按购买力平价(美元)计
		手机用户数(C_{27})	表示每100人中持有手机的人数总和
		铁路总里程(C_{28})	反映该国正在使用的铁路线路总长(千米)
	科技水平(C_3)	高技术出口占比(C_{31})	表示该国出口中高技术产品产值所占比例
		高技术出口产值(C_{32})	反映该国高新技术产业的发展情况
		研发支出GDP占比(C_{33})	反映该国对研发活动的支持力度
		每百万人研发人员数(C_{34})	表示该国人口中每百万人拥有的研发人员数
	知识产权保护(C_4)	非本国居民商标申请(C_{41})	表示国外居民在该国进行商标申请的数量
		本国居民商标申请(C_{42})	表示本国居民在该国进行商标申请的数量
		商标申请总数(C_{43})	表示该国所收到的商标申请数量总和
		非本国居民工业设计申请(C_{44})	表示国外居民在该国申请工业设计的数量
		本国居民工业设计申请(C_{45})	表示本国居民在该国申请工业设计的数量
		非本国居民专利申请(C_{46})	表示国外居民在该国进行专利申请的数量
		本国居民专利申请(C_{47})	表示本国居民在该国进行专利申请的数量
	商业环境(C_5)	资本形成总值GDP占比(C_{51})	反映该国的资本结构和发展水平
		国内信贷GDP占比(C_{52})	反映该国国内的金融发展水平
		统计能力评分(C_{53})	反映该国的统计能力和可信度
		价格贸易条件指数(C_{54})	反映贸易对该国的影响程度
		外国直接投资(C_{55})	反映外国对该国的投资程度

础，同时需要有效的商业和金融体系作为支撑。从长远发展来看，高铁产业在一国得到发展需要布局在人口密度大的地区且价格能够被当地人所接受，而科技发展和知识产权保护则能够为高铁产业在该国长久稳定发展提供保障。[1]

进一步地，根据评价指标体系中的准则层可将高铁市场划分为"招标型"、"预期营利型"、"技术许可型"、"竞争战略型"及"后期利益型"五种类别市场，根据各个沿线国家的评分结果对其相应市场进行划分。[2] 其中，招标型市场对应经济发展能力指标。其特点是经济发展程度高，容易进行铁路项目招投标。预期营利型市场对应人口分布与消费情况指标。其特点是人口分布密度大且具有一定消费能力，容易在项目投入的较短时间内实现营利而回收成本。技术许可型市场对应科技水平指标。其特点是具备一定的科技基础，容易通过许可证的方式实现技术合作和技术许可。竞争战略型市场对应知识产权保护指标。其特点是具备较高的知识产权保护水平，容易通过抢占知识产权布局而获取国际竞争优势。后期利益型市场对应的是商业环境指标。其特点是良好的商业环境可以预见在未来通过长期合作而实现后期利益。

三、数据来源与评价方法

在本章中，所使用的数据来自世界银行数据库、中国"一带一路"网数据库、世界知识产权组织数据库，本章通过在这些数据库搜集各个指标对应数据，最终在 SPSS 22.0 软件中展开数据分析和评价。

在 SPSS 22.0 软件中，主要使用到了聚类分析和主成分分析两种方法。其中主成分分析是一种多元统计分析方法，是通过从数据样本中提取主要信息来挖掘指标的结构和相互联系。可以运用这一方法对多个对象展开评价。[3] 使用主成分分析法来展开综合评价需要具备一定的基本条件，即指标正向和标准化、主成分正向并与变量显著相关、载荷矩阵具备简单

---

① 徐飞：《中国高铁"走出去"的十大挑战与战略对策》，《人民论坛·学术前沿》2016 年第 14 期。

② 刘云、桂秉修、王晓刚、谢凯：《中国高速铁路实施"走出去"战略的专利策略》，《科研管理》2017 年第 S1 期。

③ 孙慧、刘媛媛、张娜娜：《基于主成分分析的煤炭产业竞争力实证研究》，《资源与产业》2012 年第 1 期。

结构。[1] 具体说来，展开主成分分析主要包括以下几个步骤：①数据标准化处理；②构建各个指标对应变量的相关系数矩阵；③求出各相关系数矩阵的特征根；④从原始指标中抽取出主成分指标；⑤求出方差贡献率；⑥基于主成分权重展开综合评价。[2] 此外，主成分分析还可与其他分析方法相结合以改进原有方法的不足。缪炯通过运用主成分分析和聚类分析对不同城市的经济发展水平展开了评价，并在分析结果的基础上对省市整体的发展提出了建议。[3] 宋叙言等人将主成分分析与集对分析法结合使用，解决了评价对象之间的协调问题。[4]

在文献调研的基础上，本书采取聚类分析和主成分分析作为评价"一带一路"沿线国家高铁市场的主要方法。其中聚类分析采用的是系统聚类法，主要步骤为：①数据标准化；②确定距离测算方法；③确定聚类计算方法。主成分分析的主要步骤为 5 步。①原始指标数据的采集。在评价指标体系的基础上形成随机向量 $X = (X_1, X_2, \cdots, X_n)^T$，该向量中包括 n 个评价指标，与 m 个评价对象一同形成原始数据矩阵 $C = (c_{ij})_{n \times m}$，$(i = 1, 2, \cdots, n; j = 1, 2, \cdots, m)$。②标准化处理。对原始数据矩阵 C 进行标准化变换，得到标准化矩阵 Z。③由标准化矩阵 Z 求相关系数矩阵 R，转换计算公式为 $r_{ij} = \dfrac{\sum_{k=1}^{n} (x_{ki} - \bar{x}_i)(x_{ki} - \bar{x}_j)}{\sqrt{\sum_{k=1}^{n} (x_{ki} - \bar{x}_i)^2 (x_{ki} - \bar{x}_j)^2}}$。④求出相关系数矩阵 R 特征方程的特征根，并选取累计贡献率在 85% 以上且特征值大于 1 的 p 个成分作为主成分。⑤将标准化处理的指标变量转换为 p 个主成分指标，并按主成分指标进行综合评价，计算公式为 $Y = \sum_{i=1}^{p} \dfrac{\lambda_i}{\lambda_1 + \lambda_2 + \cdots + \lambda_p} Y_i$。

① 林海明、杜子芳：《主成分分析综合评价应该注意的问题》，《统计研究》2013 年第 30 期。

② 李慧：《基于主成分分析的企业绩效综合评价——以制造业上市公司为例》，《工业技术经济》2011 年第 9 期。

③ 缪炯：《基于主成分分析和聚类分析的江苏省各城市经济发展水平评价》，《经济研究导刊》2017 年第 8 期。

④ 宋叙言、沈江：《基于主成分分析和集对分析的生态工业园区生态绩效评价研究——以山东省生态工业园区为例》，《资源科学》2015 年第 3 期。

第三节 "一带一路"沿线国家高铁轨道技术市场潜力评价

一、聚类分析

聚类分析是人类认识和了解世界的基本方法。这一方法主要是根据研究对象的自身性质来进行个体分类,已经被广泛地应用于自然学科、社会学科、工农业生产、商业服务等各个方面。SPSS 22.0 软件为聚类分析提供了多种模式,在本书中主要采用系统聚类方法。该方法的思路是,先将研究对象进行分解,即将所有对象视作一个大类,然后进行划分形成几个类别;也可以采取将所有研究对象凝聚来分类的方式,即将所有对象各自视作一个单独的类别,然后将性质相近的类别合并成同一类以划分成不同类别。

本章选择了 SPSS 软件中的系统聚类模式。在该模式中,聚类方法设定为"组间联接",度量标准的区间设定为"平方 Euclidean 距离",并对各个国家的指标数据进行标准化(值在 0 到 1 之间)。由该模式得到分析结果如图 7-1 和图 7-2 所示,在剔除缺失值后有效的分析对象有 42 个。其中图 7-1 为系统聚类的冰状图,横轴表示被聚类的"一带一路"沿线国家,纵轴为群集数,表示上述所分析国家被分成了几类。图 7-2 为聚类结果相应的树状图(也可称为谱系图),图中左侧的纵轴列出了被聚类的各个对象,上端的横轴则表示各类别的相对距离。

由图 7-1 可以看到,聚类分析中的整个凝聚过程总共有 42 步。"一带一路"沿线国家代码请见附录三。在最初始状态时,每个国家都被视作一个单独分类。在第 10 步时,形成了较为明显的新的四个类别:①斯洛文尼亚(SI)和捷克(CZ);②马其顿(MK)和格鲁吉亚(GE);③罗马尼亚(RO)、摩尔多瓦(MD)、立陶宛(LT)、拉脱维亚(LV)、克罗地亚(HR)、塞尔维亚(RS)和保加利亚(BG);④匈牙利(HU)、斯洛伐克(SK)和爱沙尼亚(EE)。在第 20 步时,上述的②、③、④类合

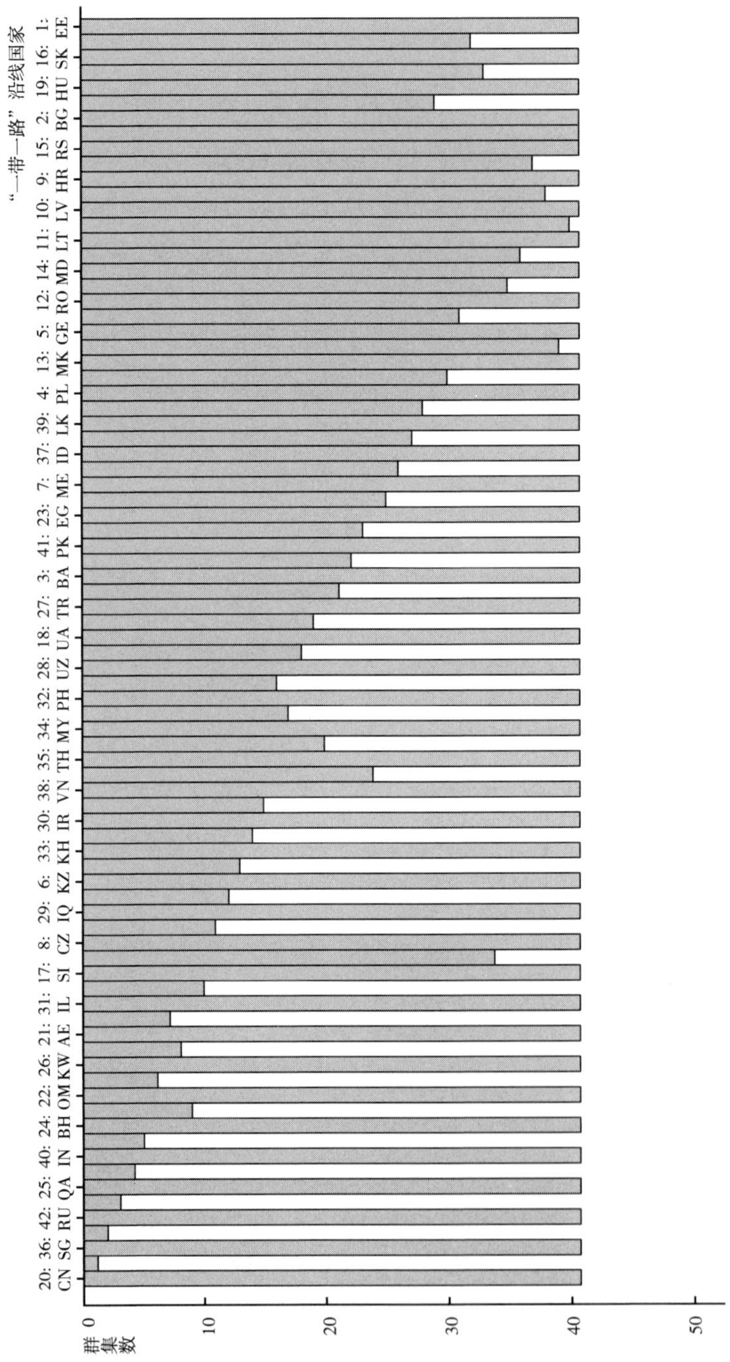

图 7－1 聚类分析系统聚类冰状图

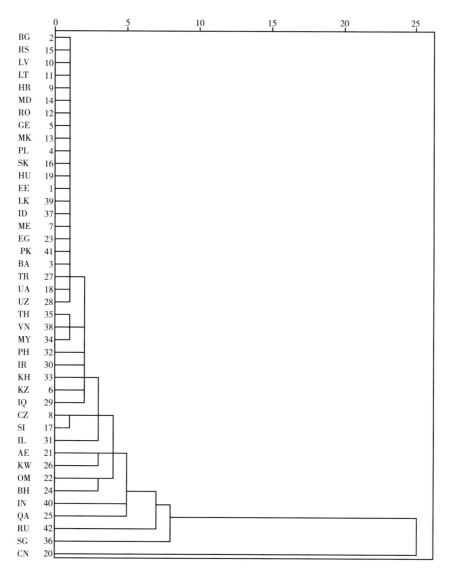

图 7 - 2 聚类分析树状图

并成了一类并吸收了一些新的对象国家，此外还形成了新的类别，包括越南（VN）和泰国（TH）。在第 30 步时，上述类别都合并成一个大类别并剩下 12 个对象国家未被凝聚，而在第 42 步时完成所有凝聚过程。由此分析可以看出"一带一路"沿线国家之间差异较大，整体呈现阶梯式分布的特征。

而由图 7-2 的树状图可以看出，在距离值为 9—25 时，所有沿线国家可分为两类，即中国和其他国家。距离值为 8 和 7 时，新加坡（SG）和俄罗斯（RU）形成一类。距离值为 5 时，印度（IN）和卡塔尔（QA）各自形成一类。在距离值为 4 时，新形成了两个类别：①阿曼（OM）和巴林（BH）；②科威特（KW）和阿联酋（AE）。距离值为 3 时，前述两个类别中的国家各自被形成一类，而剩余未分国家进一步形成出两个新类别：①以色列（IL），②斯洛文尼亚（SI）和捷克（CZ）。最后在距离值为 1—2 时，所有剩余未分对象国家各自都被形成一个单独类别。

二、主成分分析

主成分分析过程的步骤主要包括：原始数据标准化处理、求出各指标相关系数矩阵、求出相关系数的特征值及贡献率、形成成分矩阵。为了消除各个指标之间的量纲关系，利用 SPSS22.0 软件对"一带一路"沿线各国对应指标的原始数据进行标准化处理，得到 Z 字标准化得分。接下来根据该标准化得分求出各指标之间的相关系数矩阵，由此得到各个指标变量的共同度，结果如表 7-3 所示。

表 7-3　指标变量共同度

指标	初始值	提取值	指标	初始值	提取值	指标	初始值	提取值
C_{1-1}	1.000	0.994	C_{2-6}	1.000	0.821	C_{4-4}	1.000	0.895
C_{1-2}	1.000	0.850	C_{2-7}	1.000	0.825	C_{4-5}	1.000	0.980
C_{1-3}	1.000	0.994	C_{2-8}	1.000	0.935	C_{4-6}	1.000	0.983
C_{1-4}	1.000	0.732	C_{3-1}	1.000	0.739	C_{4-7}	1.000	0.973
C_{1-5}	1.000	0.821	C_{3-2}	1.000	0.974	C_{5-1}	1.000	0.778
C_{2-1}	1.000	0.763	C_{3-3}	1.000	0.896	C_{5-2}	1.000	0.664
C_{2-2}	1.000	0.970	C_{3-4}	1.000	0.950	C_{5-3}	1.000	0.856
C_{2-3}	1.000	0.914	C_{4-1}	1.000	0.960	C_{5-4}	1.000	0.863
C_{2-4}	1.000	0.758	C_{4-2}	1.000	0.992	C_{5-5}	1.000	0.770
C_{2-5}	1.000	0.953	C_{4-3}	1.000	0.994			

由各指标相关性矩阵所确定的 29 类成分的贡献率及累积贡献率如表 7-4 所示。由表 7-4 可以看出，在所有 29 类成分中，前 8 类成分的累积贡献率达到了 88.262%，因此由这 8 类成分可以解释近九成的指标数据。

表 7-4 各成分贡献率及累积贡献率

成分	初始特征值			提取平方和载入			循环平方和载入		
	合计	方差的%	累积%	合计	方差的%	累积%	合计	方差的%	累积%
1	11.685	40.292	40.292	11.685	40.292	40.292	11.083	38.218	38.218
2	4.182	14.421	54.713	4.182	14.421	54.713	3.113	10.735	48.953
3	3.058	10.544	65.257	3.058	10.544	65.257	2.548	8.786	57.739
4	1.802	6.214	71.471	1.802	6.214	71.471	2.027	6.990	64.729
5	1.448	4.994	76.465	1.448	4.994	76.465	1.944	6.705	71.434
6	1.334	4.601	81.066	1.334	4.601	81.066	1.876	6.469	77.903
7	1.078	3.718	84.784	1.078	3.718	84.784	1.625	5.603	83.506
8	1.009	3.478	88.262	1.009	3.478	88.262	1.379	4.756	88.262
9	0.736	2.538	90.800						
10	0.563	1.942	92.742						
11	0.480	1.654	94.396						
12	0.379	1.306	95.702						
13	0.305	1.050	96.752						
14	0.259	0.894	97.646						
15	0.243	0.838	98.484						
16	0.170	0.586	99.070						
17	0.106	0.365	99.436						
18	0.081	0.280	99.716						
19	0.033	0.113	99.829						
20	0.020	0.070	99.900						
21	0.010	0.034	99.934						
22	0.009	0.031	99.964						
23	0.006	0.020	99.985						
24	0.003	0.010	99.994						
25	0.001	0.004	99.998						
26	0.001	0.002	100.000						
27	6.67E-05	2.30E-04	100.000						
28	2.73E-05	9.43E-05	100.000						
29	1.74E-05	6.02E-05	100.000						

此外，由各指标之间的相关系数矩阵，得到各个成分相关系数特征值分布如图 7-3 所示。由图 7-3 中可以看到前 8 类的特征值均超过 1，因此综合考虑可以选择这 8 类成分作为主成分代替原有的 29 个指标。

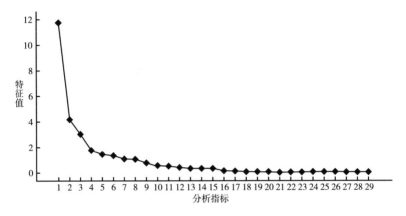

图 7-3　各成分对应相关矩阵特征值分布

进一步地，通过对主成分因子载荷矩阵进行分析，得到分析结果如表 7-5 所示。8 个主因子中 X_1 对应 C_{11}、C_{13}、C_{21}、C_{32} 及 C_4 所有子指标的载荷比较高，X_2 对应 C_{26}、C_{34} 等指标的载荷比较高；X_3 对应 C_{22}、C_{25} 等子指标的载荷比较高；而 X_4 到 X_8 等五个主因子对应各个指标的载荷比均较低，因此需要结合起来解释各个指标。

表 7-5　主成分因子载荷矩阵

	主成分因子							
	X_1	X_2	X_3	X_4	X_5	X_6	X_7	X_8
C_{11}	0.992	-0.011	0.042	-0.025	-0.001	-0.018	-0.080	-0.015
C_{12}	0.190	-0.415	0.208	-0.577	-0.279	-0.285	0.318	0.073
C_{13}	0.993	-0.011	0.031	-0.024	-0.007	-0.015	-0.081	-0.008
C_{14}	0.047	-0.237	-0.607	0.196	0.120	0.303	0.225	-0.333
C_{15}	-0.285	0.683	-0.085	-0.262	0.331	0.127	-0.124	0.236
C_{21}	0.828	-0.180	0.040	-0.012	-0.136	-0.023	0.138	0.069
C_{22}	-0.045	-0.077	0.870	0.194	-0.223	0.259	0.115	-0.191
C_{23}	0.608	-0.093	-0.170	0.567	-0.193	0.011	0.151	0.354
C_{24}	0.013	0.665	0.139	-0.145	-0.020	0.310	0.398	0.140

续表

	主成分因子							
	X_1	X_2	X_3	X_4	X_5	X_6	X_7	X_8
C_{25}	0.154	-0.179	0.849	0.099	-0.158	0.313	0.117	-0.173
C_{26}	-0.042	0.857	0.036	-0.086	-0.173	-0.135	-0.046	0.162
C_{27}	-0.186	0.415	0.234	0.497	0.397	0.273	-0.210	0.199
C_{28}	0.685	-0.143	-0.211	0.465	-0.235	-0.023	0.185	0.306
C_{31}	0.249	0.477	-0.107	-0.240	0.085	0.369	0.486	0.041
C_{32}	0.934	0.222	0.053	-0.175	0.075	0.101	-0.040	-0.041
C_{33}	0.248	0.718	-0.191	0.052	-0.392	-0.267	-0.012	-0.233
C_{34}	-0.023	0.851	-0.242	0.081	-0.320	-0.224	0.048	-0.069
C_{41}	0.948	0.092	-0.107	0.171	0.033	0.085	0.039	0.051
C_{42}	0.985	-0.007	0.010	-0.029	0.027	-0.005	-0.130	-0.048
C_{43}	0.983	-0.004	0.036	-0.075	0.046	-0.005	-0.123	-0.064
C_{44}	0.928	0.067	-0.093	0.048	0.029	0.093	-0.005	-0.093
C_{45}	0.960	0.018	0.039	-0.098	0.067	-0.007	-0.179	-0.102
C_{46}	0.989	0.033	0.030	-0.023	-0.022	0.011	-0.034	0.015
C_{47}	0.965	0.020	0.031	-0.070	0.054	-0.013	-0.173	-0.060
C_{51}	0.456	-0.062	0.218	-0.017	0.444	-0.401	0.372	0.149
C_{52}	0.501	0.347	0.237	-0.264	0.382	0.003	0.005	-0.143
C_{53}	0.140	-0.537	-0.650	-0.173	0.241	0.094	0.160	0.057
C_{54}	-0.042	0.035	0.530	0.315	0.383	-0.550	0.172	0.019
C_{55}	0.072	-0.304	0.259	-0.387	-0.207	0.181	-0.244	0.566

通过对主成分因子载荷矩阵进行计算,还可以将主成分因子转换为主成分,最后得到主成分评分系数矩阵,结果如表7-6所示。

表7-6 主成分评分系数矩阵

	主成分							
	Y_1	Y_2	Y_3	Y_4	Y_5	Y_6	Y_7	Y_8
C_{11}	0.097	0.011	0.002	-0.026	-0.008	-0.050	-0.011	0.025
C_{12}	-0.049	0.039	0.003	0.013	0.492	0.120	0.126	0.128
C_{13}	0.097	0.011	-0.001	-0.020	-0.009	-0.048	-0.015	0.029
C_{14}	0.001	-0.146	0.010	0.004	-0.007	0.128	-0.143	-0.455
C_{15}	0.017	-0.033	-0.179	-0.138	-0.207	0.176	0.026	0.226
C_{21}	0.029	-0.003	0.029	0.128	0.121	0.059	0.023	0.029

续表

	主成分							
	Y_1	Y_2	Y_3	Y_4	Y_5	Y_6	Y_7	Y_8
C_{22}	-0.012	-0.014	0.425	0.024	0.016	0.051	-0.076	-0.107
C_{23}	-0.044	0.014	-0.020	0.489	-0.092	0.046	0.053	0.105
C_{24}	-0.053	-0.013	0.083	0.110	0.047	0.469	0.001	0.015
C_{25}	0.011	-0.074	0.402	-0.009	0.019	0.088	-0.086	-0.085
C_{26}	-0.012	0.240	-0.050	0.036	-0.004	0.046	0.019	0.179
C_{27}	0.019	-0.115	0.017	0.059	-0.507	0.022	0.044	0.097
C_{28}	-0.039	0.026	-0.024	0.459	-0.012	0.051	0.044	0.079
C_{31}	-0.030	-0.097	0.032	0.058	0.099	0.529	-0.015	-0.111
C_{32}	0.106	-0.010	0.005	-0.109	-0.019	0.069	-0.041	0.012
C_{33}	0.016	0.364	0.036	-0.004	0.151	-0.125	-0.059	-0.161
C_{34}	-0.026	0.334	-0.022	0.075	0.093	-0.023	-0.015	-0.076
C_{41}	0.066	-0.019	-0.010	0.107	-0.076	0.054	-0.003	-0.027
C_{42}	0.110	0.006	-0.006	-0.064	-0.034	-0.077	-0.032	0.010
C_{43}	0.114	0.000	-0.003	-0.092	-0.021	-0.066	-0.026	0.005
C_{44}	0.090	-0.012	0.018	-0.016	-0.033	0.018	-0.052	-0.096
C_{45}	0.127	0.006	-0.005	-0.143	-0.040	-0.100	-0.042	-0.002
C_{46}	0.087	0.010	0.005	0.009	0.000	-0.003	-0.014	0.032
C_{47}	0.120	0.008	-0.013	-0.108	-0.046	-0.095	-0.035	0.023
C_{51}	-0.022	-0.084	-0.123	0.055	0.098	0.155	0.522	-0.022
C_{52}	0.094	-0.054	-0.008	-0.282	-0.049	0.100	0.130	-0.072
C_{53}	-0.006	-0.223	-0.224	0.019	0.063	0.140	0.001	-0.073
C_{54}	-0.038	0.034	-0.002	0.030	-0.022	-0.098	0.554	-0.078
C_{55}	0.001	-0.092	-0.069	0.106	-0.022	0.048	-0.160	0.641

三、综合排序分析

由聚类分析的结果,"一带一路"沿线国家高铁市场布局可以大致被分为三类优先级:第一类是布局条件较为成熟,在近期应当重点布局高铁产业资源和专利的国家;第二类则是布局条件需要进一步开拓和发展,可以选择在中长期进行布局的国家;第三类是目前布局条件还不够成熟,可以在远期进行布局的国家。在主成分分析结果的基础上,通过选取前八个主成分,根据系数得出各自的表达式;再将根据分析得到的方差贡献率作为权数,以各评价指标的标准化数据计算"一带一路"沿线国家的各准则层得分。按得分高低进行排序,得到三类优先级各自的评价结果如图7-4、图7-5、图7-6所示。

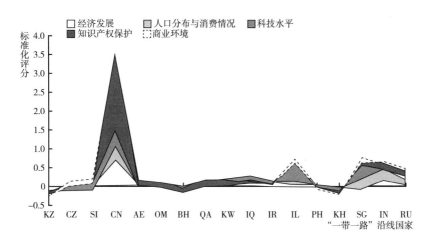

图7-4 近期布局国家各准则层评价

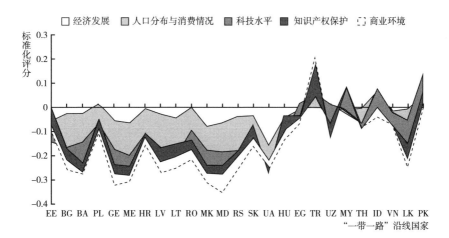

图7-5 中长期布局国家各准则层评价

最后,合并各准则层得分得到沿线国家的综合得分结果如表7-7所示。从表7-7可以看出,在本书中是以中国为参照来与"一带一路"沿线

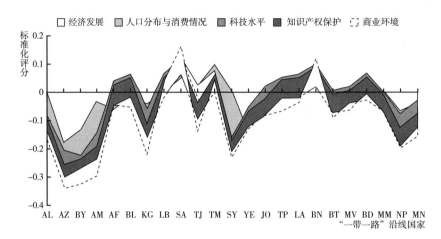

图 7-6　远期布局国家各准则层评价

其他国家进行对照，因此表 7-7 显示出中国的评分最高，为 3.503。而从对比中可以看到，"一带一路"沿线其他国家与中国之间的评分差距较大，这说明沿线各国的高铁市场体量与中国相比仍有不小的差距。因此向沿线国家推广高铁产品和技术仍需要考虑各个国家的基本国情。

表 7-7　"一带一路"沿线国家高铁轨道技术市场综合评价排名

国家	评分	排名	国家	评分	排名	国家	评分	排名	国家	评分	排名
CN	3.503	1	LB	0.041	18	BT	-0.090	35	LT	-0.250	52
SG	0.759	2	IR	0.016	19	EE	-0.097	36	UA	-0.251	53
IL	0.723	3	PK	-0.015	20	PL	-0.106	37	BG	-0.257	54
IN	0.617	4	BD	-0.029	21	UZ	-0.120	38	RS	-0.257	55
RU	0.404	5	LA	-0.035	22	YE	-0.122	39	LV	-0.270	56
TR	0.183	6	MV	-0.038	23	HU	-0.133	40	BA	-0.275	57
SI	0.180	7	ID	-0.040	24	TJ	-0.141	41	KZ	-0.286	58
AE	0.169	8	AF	-0.047	25	MN	-0.154	42	AM	-0.297	59
QA	0.166	9	BL	-0.051	26	HR	-0.154	43	ME	-0.306	60
SA	0.166	10	TP	-0.065	27	SK	-0.159	44	MK	-0.311	61
KW	0.161	11	EG	-0.066	28	AL	-0.178	45	GE	-0.322	62
CZ	0.129	12	BH	-0.067	29	KH	-0.194	46	BY	-0.325	63
BN	0.120	13	MM	-0.070	30	NP	-0.197	47	AZ	-0.338	64
IQ	0.101	14	VN	-0.070	31	SY	-0.207	48	MD	-0.352	65
OM	0.093	15	PH	-0.077	32	RO	-0.215	49			
MY	0.086	16	JO	-0.081	33	KG	-0.218	50			
TM	0.045	17	TH	-0.082	34	LK	-0.246	51			

第四节 高铁轨道技术市场布局专利路线图构建

一、市场布局专利路线图构建框架

结合"一带一路"倡议的主要内涵与目标，本书从中国高铁"走出去"并向沿线国家推广的角度出发，设计市场布局专利路线图的构建框架如图 7 - 7 所示。在该专利路线图中，横轴表示的是时间变化，一般可以用时间分区表示，在本书中使用近期、中长期和远期来表示。左侧纵轴包含了三个分析维度，分别是国家类别、综合排序、市场选择。在本书中，国家类别泳道中的信息要素来源于聚类分析的结果，即对"一带一路"沿线国家市场潜力评价指标体系数据进行聚类分析的结果；而综合排序和市场选择泳道中的信息要素则来源于对评价指标体系数据进行主成分分析并对沿线国家进行评分的结果。对于聚类分析得到的沿线国家类别，通过主成分分析对其中的沿线国家进行评分，得到各类别中的国家排序。

二、专利路线图分析

根据市场布局专利路线图构建框架，在评价"一带一路"沿线国家市场潜力情况的基础上，针对高铁产业构建的专利路线图如图 7 - 8 所示。从该专利路线图可以看到，"一带一路"沿线 65 个国家被划分为三类并分别对应"近期""中长期""远期"三个时间段。根据聚类分析的结果，与中国在评价指标体系中表现相似的国家被划分到第一类（共 17 个国家）中，这表示中国高铁产业可以在"一带一路"和"走出去"规划中优先考虑该类别中的国家。在第二类"中长期"沿线国家中，共 25 个国家被划分到该类别，这些国家可以从较长时期的角度来考虑产业布局。而在第三类"远期"沿线国家中，由于这些国家所表现出来的市场条件还不够成熟，因此应当从更长远的角度来考虑布局。由综合排序和市场选择

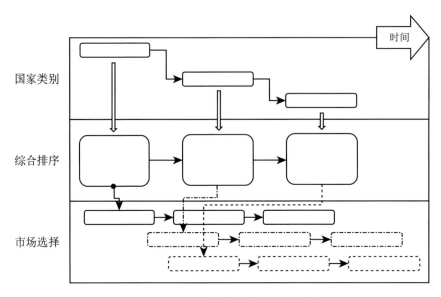

图 7-7　市场布局专利路线图构建框架

的分析可以看到，在"近期"类别中的沿线国家的市场选择较为平均和
分散，其中以"预期营利型"和"技术许可型"两种类别市场表现得较
多；而在"中长期"类别中的沿线国家表现得较为集中，以"技术许可
型"和"竞争战略型"两种类别市场表现得较多；在"远期"类别中，
主要市场类别集中在"预期营利型"，其次是"招标型"和"远期利益
型"，另外在该类别中有少数沿线国家表现为"技术许可型"和"竞争战
略型"。

三、市场布局对策建议

通过专利路线图的分析可以发现，"一带一路"沿线国家在市场潜力
上既表现出一定的相似性，同时在具体的市场性质上也表现出一定的差异
性，这对于中国高铁产业在沿线国家的市场布局具有重要的决策支撑作
用。具体来说，受资源限制中国高铁在短时间内很难同时进入沿线所有国
家，只能根据沿线国家的特点来采取针对性的市场进入策略，需要从营利
性的角度优先考虑适合引入高铁的国家。针对这一问题，本书结合高速铁
路产业特点提出"一带一路"沿线国家市场进入策略。

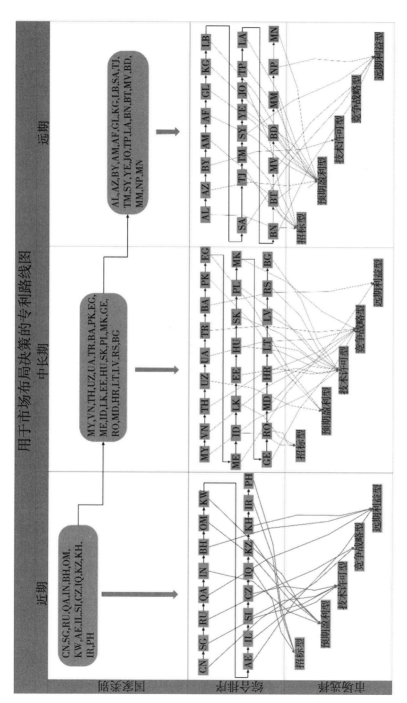

图 7 - 8 高铁产业市场布局专利路线图

（1）需要加速中国高铁技术标准的国际化建设和推广工作，在国际高铁产业集群中获得更多的国际话语权。国际技术标准在国际贸易中对于打破产品出口的技术贸易壁垒具有重要意义和作用，在国际市场中国际技术标准是所有利益相关者都需要遵循的准则。而且由于中国高铁是在短时间内发展起来的新兴产业，不可避免地会面临"先发国家"的专利陷阱和"后发国家"的模仿策略。因此中国高铁企业在"一带一路"沿线国家进行产业布局前可以考虑优先制定和推广中国的国际技术标准，在与沿线国家实现技术标准的一致后逐步推进高铁产业进入沿线国家市场的工作。

（2）加强沿线国家的专利制度合作，共同提升专利保护和服务水平。从聚类分析和主成分分析的结果可以看到，沿线国家在专利保护水平上存在明显的差异。这带来的后果很有可能就是中国高铁的技术和标准无法得到有效的保护。这既不利于中国标准的推广，也会对中国高铁的竞争优势发展形成严重阻碍。因此中国高铁企业需要与中国及"一带一路"沿线国家政府展开合作，讨论专利合作制度以提升沿线发展中国家和不发达国家的专利保护水平，同时推动将中国技术标准在沿线各国实现本国化。

（3）高铁产业主管部门和重点企业在抓紧"近期"沿线国家市场开发的同时，也可考虑促进"中长期"和"远期"沿线国家的市场开发，最终实现"一带一路"基础设施互联互通的目标。对于"中长期"和"远期"的沿线国家而言，这些国家的市场在一些方面还未具备引入高铁的条件，因此需要结合这些国家的市场特点来制定相应的市场进入策略：例如对招标型市场就应当主动抢占市场先机，积极进行产业布局；对预期营利型市场则可以采取多方合作（如 PPP 模式），实现利益共赢；对技术许可型市场可考虑组建高铁产业联盟，构建与技术标准相对应的标准必要专利池；对竞争战略型市场可考虑积极进行专利布局和专利预警工作，充分发挥和实现专利制度的作用和专利资产的价值；对远期利益型市场可考虑先从制度建设和标准引入工作入手，待相关产业政策和市场规则较为成熟时再实施产业布局。

本章小结

结合中国"一带一路"倡议背景，本章主要运用了聚类分析、主成分分析等方法对"一带一路"沿线国家市场情况展开研究，评价和比较这些国家在经济发展、人口分布与消费情况、科技水平、知识产权保护、商业环境五个方面的表现，最后在分析结果的基础上构建了市场布局专利路线图。通过上述分析得出了沿线国家在市场潜力上的表现评价排序，这为中国高铁产业政策制定者和利益相关者在这些国家展开产业布局和提升国际市场竞争能力提供了一定的决策依据。此外，本章在市场布局专利路线图的分析基础上，提出了分批次和针对不同市场类型的市场布局策略，为实现"一带一路"基础设施联通和政策制度沟通提供相应参考。

第八章　结论与展望

第一节　主要结论和建议

本书结合理论分析、文献情报分析、专利计量分析、技术生命周期、主成分分析等方法，提出适用于产业分析的专利路线图理论及构建方法，并形成四种具有管理实践意义的专利路线图。在所提出的专利路线图及构建方法中，本书重点对中国及国际高速铁路轨道产业进行研究，分析产业发展路径与方向、判断技术与市场竞争发展状态、锁定各个关键技术发展目标、确定优先发展的市场和技术领域，从而在此基础上构建符合产业发展需求、适应市场变化、具有实用性的专利路线图，并在这些分析结果的基础上提出产业发展对策，为产业决策者制定发展战略规划提供参考。主要结论总结如下。

（1）关于专利路线图在中国高铁轨道技术产业"走出去"战略规划中的作用。本书在系统性地构建和介绍专利路线图理论的基础上，将专利路线图运用到高速铁路轨道技术产业的战略规划过程中，按照"总体专利分析为基础、竞争态势分析为支撑、技术生命周期分析为展望、市场潜力评价分析为依据"的总体研究思路，详细地对中国轨道技术产业的各个主要维度和层面展开了分析，并绘制出多种类型的专利路线图。通过对这些专利路线图做出分析和解读，一方面为中国高铁产业的发展和"走出去"进程寻找潜在机会，另一方面从复杂多变的国际市场和行业动态中识别相应风险。最后在上述分析的基础上，总结并形成针对中国高速铁路轨道技术产业发展的对策建议，并提出"走出去"的可行性建议方案，为政府主管部门和相关产业联盟领导者在制定宏观规划时提供参考。

（2）关于产业总体专利信息的分析。本书在结合高速铁路轨道技术内容和专家意见的基础上，制定专利检索策略并使用智慧芽专利数据库检索该技术领域相关专利文献，从产业整体发展的角度，对比国内和国际高铁轨道技术领域的发展。通过专利文献的科学统计指标对这一技术领域进行专利统计，直观地表现出了该技术领域中的专利布局情况。此外通过将统计结果以专利地图等可视化方式加以展现，得出专利发展趋势、主要技术分支领域、主要专利申请人、主要发明团队等信息，并且依据专利路线图的理论及构建方法利用这些信息绘成产业总体专利路线图。这一专利路线图描绘出了国内及国外高速铁路轨道技术产业整体发展过程、主要的专利申请人动态、关键的技术分支领域分布，在这些分析结果的基础上形成了针对国内高铁轨道技术产业整体发展的对策建议。

（3）关于国际高铁轨道技术竞争状态和态势的分析。对竞争状态和态势的精确分析能够为产业竞争优势的获取提供更多支撑。在当前中国高铁"走出去"进程加快和"一带一路"建设的背景下，竞争状态的分析和发展趋势的预示具有重要意义。基于这个目标，本书运用 CiteSpace 软件和德温特专利数据库对全球高速铁路轨道技术专利数据展开了深入分析，通过 CiteSpace 软件的文本挖掘功能揭示了专利数据中的潜在联系，最终形成了该技术领域的专利竞争状态及态势路线图。分析专利路线图可以看出，中国相关企业在该技术领域中已形成了大量的国内专利布局，这使得中国高铁企业在"走出去"过程中能够有底气与国际企业展开竞争，但缺乏国外专利布局使得中国企业的竞争力受到限制。因而需要加强海外的专利布局及专利风险预警防范工作。

（4）关于高铁轨道产业技术生命周期的分析。国内高铁企业除了需要掌握国际竞争态势变化动向之外，还需要掌握技术发展路径的最新进展和变化。尽管在国际市场对于高铁建设的需求在高速增长，但这种增长并非可持续的。可以预见，激烈的市场竞争决定了技术进步仍然是核心竞争力。基于技术生命周期理论及相应的 S 型曲线模型，本书对高速铁路轨道技术展开了深入分析以预测技术发展和专利布局情况。本书从总体发展、技术分支领域、专利申请人等层面对比了这一技术在国内和国际的生命周期发展状态，最后形成了专利生命周期路线图。从分析结果可以看出，国内和国外之间、不同技术分支类别之间、不同专利申请人之间的发展情况差异较大，因而可以依次采取相应的发展策略，同时也可以根据技术互补性决定合作与竞争策略。

（5）关于"一带一路"沿线国家高铁市场潜力评价的分析。基础设施联通是"一带一路"倡议实现的重要基础和首要项目。可以预见到未来中国与"一带一路"沿线各国共同合作开展高铁项目建设的情境。但限于中国高铁企业资源有限且沿线各国情况不一，需要对沿线各国展开整体评价以评估高铁项目进入该国的可行性，从而因地制宜地为中国高铁企业制定市场发展策略。基于这个思路，本书构建了"一带一路"沿线各国高铁市场适宜性评价指标，并运用了聚类分析和主成分分析法综合分析了沿线60多个国家的数据，最后通过综合评分的方式对沿线各国的市场潜力进行了排序。而"产品未动，专利先行"，好的市场策略往往伴随着专利战略。本书根据该评价结果及相关专利数据进一步制作了面向"一带一路"沿线各国的市场布局专利路线图，并在该专利路线图的基础上提出了中国高铁企业展开市场进入和发展的相关策略建议。

（6）关于专利路线图的构建方法。专利路线图是一类非常具有实用性的管理工具和方法，因此其在实践中的应用效果与其构建方法有着很大的联系。在本书中，结合高铁轨道技术产业的发展目标分别提出了四类专利路线图的构建方法，即产业总体专利路线图、专利竞争状态及态势路线图、专利生命周期路线图以及市场布局专利路线图。其中，产业总体专利路线图的构建运用了专利指标统计和专利地图等方法，专利竞争态势路线图的构建运用了专利地图和文本挖掘分析等方法，专利生命周期路线图则主要运用了技术生命周期分析和S型曲线预测等方法，市场布局专利路线图则主要运用聚类分析和主成分分析法。这些分析方法与专利路线图理论联系起来，充分发挥了其在产业分析中的重要运用。

（7）关于专利路线图的应用方法。中国高速铁路产业的快速发展急需相关配套管理制度的建设，这也就对专利路线图在实践中的应用效果提出了更高要求。而在实践过程中，专利路线图的应用需要与相关产业整体或者企业内部的管理制度结合起来，从而实现该工具的各项功能。因此，本书结合中国高铁产业发展的实际情况，从多个分析角度介绍了不同类型专利路线图在实践中运用的可行方案。

（8）关于中国高铁轨道技术产业发展及"走出去"的专利战略规划及对策建议。中国高铁产业要在国际市场中有话语权，一方面需要适应国际主流技术标准，对已有国际专利做好专利预警和导航工作；另一方面还需要发展自主知识产权，即要有中国自己的高铁技术和标准，不能完全依赖国外技术。因此，在中国高铁企业"走出去"进程中，应当加强以下几个方面的工作：①加快和促进高铁轨道技术的海外专利布局，并尽快形成相应技术标准构建工作，在保持独立自主性的同时还要注意与国际标准的兼容性；②密切关注国际高铁产业中主要竞争对手的发展动态，并及时制定相应的竞争策略；③应当注意技术发展过程中的更新换代，在综合决策的基础上及时淘汰落后产能和采用新兴先进技术；④在尊重公平贸易的基础上分批次、循序渐进地推进与"一带一路"沿线各国的高铁合作建设项目，制定完善的市场细分和开拓方案。

上述研究结论基本上实现了对本书所提出的研究问题的回答。对问题一，国外专利对于高铁轨道技术的布局目前远高于中国，中国的专利布局主要集中在国内，与国外存在不小的差距。对问题二，高铁轨道技术领域内的竞争激烈，技术发展方向正在发生演变且一些专利权人逐渐出局。中国专利权人呈现向上态势，需加强技术研发和专利布局来巩固竞争地位。对问题三，高铁轨道技术仍具有较强的技术发展潜力，但需要注意的是中国高铁产业应当尽快完成技术的更新换代，并且对新兴的高铁企业加大扶持力度。对问题四，中国高铁产业在面向"一带一路"合作时所存在的主要风险在于以下方面，一是沿线国家市场广泛且存在技术先发国家的竞争，二是沿线国家知识产权的差异及发展现状难以保证对中国技术的全面保护，三是沿线国家市场差异可能导致招投标失败、项目停滞、经营亏损等问题。因此，中国高铁产业应当考虑分批次进行市场布局，推广技术、IP 制度及政策、管理规范等多个方面的标准。同时，在上述研究结论的基础上，本书结合当前中国高铁发展的现实情况以及管理实践，针对高铁产业"走出去"情境提出三个方面的初步建议。

（1）结合国内发展经验，构建以专利导航和专利布局网络为基础的高铁产业创新合作发展模式。这一模式的构建需要有中国政府产业主管部门、以重点企业为代表的产业集群等主体的共同协作。其中重点企业和产业集群还需要在自主核心技术方面进一步提升水平。一方面围绕重点技术领域如 B28B23/04、B61B13/00 等加强技术研发投入并配合布局相关专利与国际技术标准。另一方面需要在共同优势技术领域如 E01B2/00 加强与国际专利权人的合作。此外，对于已有高铁产业发展规划的目标国家，中国政府和高铁产业主管部门可以尝试与其共同合作构建高铁政产学研创新平台;而对于尚无规划的目标国家则需要逐步展开合作,在高铁发展条件较为成熟后再帮助其制定高铁发展规划。

(2)在海外发展战略规划中,围绕高铁产品及技术出口排查潜在的专利风险。首先,针对国际主要竞争对手通用电气、西门子公司、韩国铁道技术研究院、日立、三菱和日本铁道技术研究所等展开密切的专利预警和调查工作。通过及时了解其专利布局及新产品发布等动态确定我国专利布局及技术研发的相关规划。其次,针对上述国际竞争对手已有专利布局制定专利网以及专利绕开策略,加强核心专利的布局以获取与竞争对手进行交叉许可的地位甚至是对其进行超越。当前中国高铁缺乏海外核心专利是一大障碍。最后,针对高铁主要目标国家市场(特别是北美、欧洲等地区)需要展开知识产权制度政策环境以及 FTO(技术自由实施)尽职调查,避免专利侵权纠纷的产生。

(3)在建设"一带一路"的背景下,从知识产权制度政策、产业链、工程项目、技术转移等多个层面与沿线国家开展合作。即在工程项目合作的同时,配合项目开展在其他层面展开合作。如在尼泊尔、缅甸、孟加拉国等不发达国家进行知识产权基础设施提升和人员培训项目,加强这些国家知识产权部门及代理服务机构的工作能力以提升这些国家的知识产权保护和实施水平。而对以色列、新加坡、俄罗斯等经济技术条件较好的国家进行产业链融合及技术转移合作,在进一步加强技术创新的同时向外推广中国高铁标准。

本书的上述内容不仅可以适用于高速铁路轨道技术领域的相关产业,而且能够作为其他产业在发展政策与规划过程中的经验借鉴。更进一步地,本书所提出的一系列专利路线图还可以进一步扩展,并被应用于更广泛的领域,如产品管理、市场监控、专利运营(包括许可、转移及投资等)、企业收购与合并,等等。

第二节 研究不足之处

不可否认的是,在本书的研究中仍存在许多不足之处。这些不足产生的原因来源于多方面,如前期准备工作不足、分析方法和工具条件有限、理论分析还未深入等。具体而言,本书待改进的地方主要体现在以下方面。

(1) 专利路线图的理论的系统性还需要进一步提升。目前对于专利路线图的研究并不多,这也意味着相关理论研究还需要加强。从本书的研究进展来看,已经从专利路线图的定义、特征、分类、构建方法及应用等方面展开了系统性的介绍,但目前在专利路线图的哲学实质研究方面尚且不足,需要结合产业发展与产业环境的因果关系来进行解读。

(2) 专利路线图的预测功能还需要进一步加强。在"大数据"时代,预见能力受到了高度重视,需要在大量数据和科学高效的数据分析方法上实现这一目标。在本书所介绍的几类专利路线图中,专利分析方法是路线图构建和运用的主要支撑,但同时也可以看到,还需要进一步地探索专利分析方法与路线图构建流程之间的融合。通过使用专利统计和分析方法对高速铁路轨道技术及相关产业展开生命周期预测分析,取得了一些有效的分析结果。在未来的专利路线图研究中可以进一步升级,并引入一些更有效的专利分析方法与指标。

(3) 路线图构建方法与产业具体实际之间的关系仍然是制约专利路线图发展的瓶颈。总的说来,专利路线图的构建流程较为复杂且费时费力,这对于适应迅速变化的产业发展是一个不小的挑战。此外,在将专利路线图落实到产业政策或者企业管理等实践层面时,对应的知识共享及信息互动机制也需要完善。例如在对"一带一路"沿线国家市场进行分析的过程中,对知识产权保护的评价还不够完善(仅考虑了申请数量),缺乏对沿线国家知识产权法律及政策更为深入的分析。

第三节　下一步研究计划

针对上述研究过程中存在的不足,本书在对未来研究进行展望的同时提出了下一步研究工作的计划。总体而言,专利路线图的相应理论体系在目前仍处于发展初期,离真正的大规模产业应用仍有一定的距离。因此在本书已取得的一些探索性成果的基础上,还可以继续展开深入研究,对以下几个主要方面做出深入分析和改善。

（1）进一步拓展专利路线图在中国高铁产业“走出去”进程中的分析视角。具体而言，就是在构建专利路线图的过程中寻找更为明确和具体的专利分析指标。基于现有研究中的专利分析理论，对专利数据构建一系列的分析指标，从而使得专利路线图的构建趋于定量化，同时也能够更为有效地利用专利数据展开清洗并从专利数据中挖掘出更多具有应用意义的信息。如专利申请的授权国家或地区将被视为构建专利路线图的重要维度，这主要是由于专利保护具有地域性而且其保护范围取决于专利授权的国家或地区。这一维度能够充分地显示专利权人的目标市场，帮助企业做出更好的决策。此外，还需要进一步完善专利分析和专利地图等方法，并为专利路线图的构建、分析、应用等方面寻找更为具体的支撑信息。将主要考虑方法在系统化、标准化以及多元化等方面的完善。展开下一步研究的预期方案包括选取更为专业和有效的数据库和分析软件、改善数据搜集和整理方法、寻找新的理论视角及应用方向等。

（2）进一步探索专利路线图在产业规划和企业管理实践中的应用。需要发挥专利路线图作为一项管理工具的应用价值，需要在产业规划和企业管理实践中对专利路线图如何运用展开进一步探索。具体而言，在接下来的研究中将尝试构建以专利路线图为基础的企业专利战略规划管理制度。该管理制度涵盖总则、战略规划管理机构、规划内容要求、规划流程、规划编制与调整、战略实施与推广等方面。将针对这些方面再进一步对工作流程进行设计和完善。

（3）进一步对“一带一路”沿线重点国家展开相关法律及政策研究。主要是针对知识产权以及技术转移转化的法律环境、技术合作优惠政策和限制政策变化展开横向比较，并分析高铁产业在进行知识产权合作及技术合作的过程中所面临的风险，运用定量及定性相结合的方法展开综合评价。最后根据评价结果为中国高铁进行合作和风险应对提出具有针对性的建议。

通过以上这些改善思路，期望在未来研究中进一步使专利路线图相关理论更为完善，还希望引入更多的科学分析方法以改进专利路线图的构建流程，使这一管理工具在实践应用中更具精确性、预测性及有效性。

附　录

附录一　高铁轨道技术主要 IPC 分类号对照表

IPC 分类号（小类）	具体含义
B23K	钎焊或脱焊；焊接；用钎焊或焊接方法包覆或镀敷；局部加热切割，如火焰切割；用激光束加工（用金属的挤压来制造金属包覆产品入 B21C23/22；用铸造方法制造衬套或包覆层入 B22D19/08；用浸入方式的铸造入 B22D23/04；用烧结金属粉末制造复合层入 B22F7/00；机床上的仿形加工或控制装置入 B23Q；不包含在其他类目中的包覆金属或金属包覆材料入 C23C；燃烧器入 F23D）
B23P	金属的其他加工，组合加工，万能机床（仿形加工或控制装置入 B23Q）
B23Q	机床的零件、部件或附件，如仿形装置或控制装置（在车床或镗床上使用的各类刀具入 B23B27/00）；以特殊零件或部件的结构为特征的通用机床；不针对某一特殊金属加工用途的金属加工机床的组合或联合
B28B	黏土或其他陶瓷成分、熔渣或含有水泥材料的混合物，例如灰浆的成型（铸模入 B22C，石头或类似石料的加工入 B28D，一般在塑性状态中材料的成型入 B29C，制造并非完全由这些材料组成的层状制品入 B32B，现场成型见 E 部有关的类）
B32B	层状产品，即由扁平的或非扁平的薄层，例如泡沫状的、蜂窝状的薄层构成的产品
B60L	电动车辆动力装置（车辆电动力装置的布置或安装，或具有共有或共同动力装置的多个不同原动机的入 B60K1/00，B60K6/20；车辆电力传动装置的布置或安装入 B60K17/12，B60K17/14；有轨车通过减小功率防止车轮打滑入 B61C15/08；电动发电机入 H02K；电动机的控制或调节入 H02P）；车辆辅助装备的供电（与车辆机械耦合装置相连的电耦合设备入 B60D1/64；车辆电加热入 B60H1/00）；一般车辆的电力制动系统（电动机的控制和调节入 H02P）；车辆的磁悬置或悬浮；电动车辆的监控操作变量；电动车辆的电气安全装置

IPC 分类号（小类）	具体含义
B60P	适用于货运或运输、装载或包容特殊货物或物体的车辆（带有运送病人或残疾人的，或他们专用运输工具的专用装置的车辆入 A61G3/00）
B61B	铁路系统；不包含在其他类目中的装置（升降机或起重机，电梯，自动扶梯，移动人行道入 B66B）
B61C	机车；机动有轨车（一般车辆入 B60；车架或转向架入 B61F；机车用的专门铁路设备入 B61J，B61K）
B61D	铁路车辆的种类或车体部件（一般车辆入 B60，适用于特殊系统的车辆入 B61B，底架入 B61F）
B61H	铁路车辆特有的制动器或其他减速装置；铁路车辆制动器或其他减速装置的安排或配置（车辆的电力制动入 B60L，一般的入 H02K；铁路车辆中调节动力以适应不同的车辆或线路条件的装置入 B60T8/00；用动力辅助装置或驱动装置，将制动作用从起始装置传输到最终执行机构，使用这种传输装置的制动系统，如空气压力制动系统入 B60T13/00；在这种动力传输系统中使用的阀的结构、配置或操作入 B60T15/00；制动系统的部件、零件或附件入 B60T17/00；一般的制动器入 F16D）
B61K	用于铁路的其他辅助设备（储能制动器入 B61H；线路防护使之抵抗天气影响的入 E01B；轨道清理，除雪器入 E01H）
B61L	铁路交通管理；保证铁路交通安全（制动器或辅助设备入 B61H，B61K；道岔或道口结构入 E01B）
B63B	船舶或其他水上船只；船用设备（船用通风，加热，冷却或空气调节装置入 B63J2/00；用作挖掘机或疏浚机支撑的浮动结构入 E02F9/06）
B65B	包装物件或物料的机械、装置或设备，或方法；启封（雪茄烟的捆扎和压紧装置入 A24C1/44；适合于由物品或要包扎物件支承的包扎带的固定和拉紧装置入 B25B25/00；将瓶子、罐或相似容器的封闭件入 B67B1/00－B67B6/00；对瓶子同时进行清洗，灌注和封装入 B67C7/00；瓶子、罐、罐头、木桶、桶或类似容器的排空入 B67C9/00）
B65G	运输或贮存装置，例如装载或倾卸用输送机、车间输送机系统或气动管道输送机（包装用的入 B65B；搬运薄的或细丝状材料如纸张或细丝入 B65H；起重机入 B66C；便携式或可移动的举升或牵引器具，如升降机入 B66D；用于装载或卸载目的的升降货物的装置，如叉车入 B66F9/00；不包括在其他类目中的瓶子、罐、罐头、木桶、桶或类似容器的排空入 B67C9/00；液体分配或转移入 B67D；将压缩的、液化的或固体化的气体灌入容器或从容器内排出入 F17C；流体用管道系统入 F17D）
B65H	搬运薄的或细丝状材料，如薄板、条材、缆索
B66C	起重机；用于起重机、绞盘、绞车或滑车的载荷吊挂元件或装置（钢绳、钢缆或链条卷扬机构，及其制动或停止装置入 B66D；核反应堆专用的入 G21）

IPC 分类号(小类)	具体含义
C04B	石灰;氧化镁;矿渣;水泥;其组合物,例如:砂浆、混凝土或类似的建筑材料;人造石;陶瓷(微晶玻璃陶瓷入 C03C10/00);耐火材料(难熔金属的合金入 C22C);天然石的处理
C08G	用碳–碳不饱和键以外的反应得到的高分子化合物(发酵或使用酶的方法合成目标化合物或组合物或从外消旋混合物中分离旋光异构体入 C12P)
C08J	加工;配料的一般工艺过程;不包括在 C08B、C08C、C08F、C08G 或 C08H 小类中的后处理(塑料的加工,如成型入 B29)
C08K	使用无机物或非高分子有机物作为配料(涂料、油墨、清漆、染料、抛光剂、黏合剂入 C09)
C08L	高分子化合物的组合物(基于可聚合单体的组成成分入 C08F、C08G,人造丝或纤维入 D01F,织物处理的配方入 D06)
E01B	铁路轨道;铁路轨道附件;铺设各种铁路的机器(脱轨或复轨器,轨道制动器或减速器入 B61K;从轨道上排除异物、控制植物生长、铺洒液体入 E01H)
E01C	道路、体育场或类似工程的修建或其铺面,修建和修复用的机械和附属工具(用夯实或平整冰雪的方法筑成道路或类似铺面入 E01H)
E01D	桥梁(在航站楼和飞机之间架设的供乘客上下飞机用的桥入 B64F1/305)
E02D	基础,挖方,填方(专用于水利工程的入 E02B),地下或水下结构物
F16F	弹簧,减震器,减振装置
F16H	传动装置

IPC 分类号(小组)	具体含义
B28B1/087	靠作用于模上的装置
B28B23/04	元件是预应力的
B28B7/02	具有可调零件的型模
B28B7/10	联有或装有推出成型制品装置的型模(不属于型模成型部件的推出成型制品装置入 B28B13/06)
B28B7/22	用于制造建筑物预制构件的型模,用于制造楼梯预制构件的型模
B28B7/26	分开模的装配
B61B1/00	车站、站台或岔线的一般配置,铁路网,铁路车辆编组系统(分道驼峰或分道设备入 B61J,站台结构入 E01F1/00,列车时刻表入 G09D)
B61B13/00	其他铁路系统
B61B13/08	滑动或浮动系统(车辆的磁性悬挂或浮动本身入 B60L13/04,在轨道和车辆间用气垫的车辆入 B60V3/04)
B61K7/00	固定到线路上的铁路挡车器;固定到线路上的轨道制动器或减速装置;铺砂轨道或类似物(制动垫,楔,车上安装的止轮器入 B61H;用于安装在轨道上的线路遮断器的操纵机构入 B61L)

IPC 分类号（小类）	具体含义
B61L1/00	用与车辆或列车的相互作用控制的沿线设备（响墩入 B61L5/20；借车辆的通过来操纵道岔或信号入 B61L11/00，B61L13/00；由驶近的车辆操纵栏木或操纵栏木与信号的入 B61L29/18）
B61L23/00	沿线的或车辆之间的或列车之间的控制，报警或类似的安全装置
B61L27/00	运务中心控制系统
B61L3/00	用于控制车辆或列车上的设备的沿线设备，如松开制动器、操纵报警信号
B61L3/12	用于控制车辆或列车上的设备的沿线设备，如松开制动器、操纵报警信号，特别是利用磁感应或静电感应或利用无线电波
B61L3/22	用于控制车辆或列车上的设备的沿线设备，如松开制动器、操纵报警信号，特别是利用磁感应或静电感应或利用电磁辐射
C04B28/00	含有无机黏结剂或含有无机与有机黏结剂反应产物的砂浆、混凝土或人造石的组合物，例如多元羧酸盐水泥
C04B28/04	硅酸盐水泥
E01B1/00	道碴层，支承轨枕或轨道的其他设备，道碴层的排水（采用沟槽、涵洞或管道排水入 E01F 5/00）
E01B19/00	轨道的防尘、风、阳光、霜冻或腐蚀的设备；减少噪音的设备（防雪栅入 E01F 7/02，扫雪机入 E01H 8/02，洒水入 E01H 11/00）
E01B2/00	轨道的一般结构（铁路网入 B61B 1/00，路面基础入 E01C 3/00，一般基础入 E02D）
E01B25/00	特种铁路用的轨道（铁路系统入 B61B，道路上的轮轨入 E01C 9/02）
E01B27/00	道碴的铺设、翻新、养护、清筛或取出，与轨道同时或不同时施工；所需设备；轨枕的填实
E01B27/02	铺设道碴，铺筑道碴层，重新铺撒道碴材料，所用的机械或设备，整平设备
E01B27/10	现场翻新或清筛道碴，与轨道同时或不同时施工不取出轨道的（E01B27/11 优先）
E01B27/16	轨枕的填实，与轨道同时或不同时施工的；夯实支承轨道的道碴等所用设备，例如，轨枕捣固机
E01B27/17	带有提升、找平或回转轨道用的机构
E01B29/00	铺设、再建或取出轨道；所用工具或机械（E01B 27/00，E01B 31/00 优先）
E01B29/02	装配好的轨道、装配好的转辙器或装配好的交叉的运输、铺放、拆除或翻新（E01B29/04 优先）

IPC 分类号(小类)	具体含义
E01B29/04	轨道的提升或找平(一般提升设备入 B66F)
E01B29/06	轨枕的运输、铺放、拆除或翻新(E01B 29/05 优先,装载设备入 B65G 7/12)
E01B29/16	运输、铺放、拆除或更换钢轨;轨道中的轨枕上的钢轨的移动(E01B29/05 优先,一般移动或倾斜重载入 B65G7/00)
E01B35/00	修筑轨道用的测量仪器或设备的应用(机车或车辆上用的显示或记录不良轨段的仪器入 B61K 9/00,一般测量角度、直线尺寸或不规则形状的入 G01B,G01C)
E01B37/00	E01B 27/00 至 E01B 35/00 各组中不包括的铺筑、养护、翻新、取道碴或轨道
E01B9/68	置于钢轨、系板或轨座下的垫或类似物,例如,木垫、橡胶垫
E01D19/12	桥梁的格栅或桥面,桥上铁路轨枕或轨道的固定

附录二 主要德温特专利权人代码对照表

序号	专利权人代码	名称	所属国家
1	AEGE-C	AEG 轨道车辆有限公司	德国
2	ALLM-C	戴姆勒－奔驰交通运输公司	德国
3	ALSM-C	阿尔斯通交通运输公司	法国
4	BOBA-C	庞巴迪交通运输公司	加拿大
5	BOCH-C	博丘默·艾森胡特·海因兹曼有限公司	德国
6	CCCC-C	中国交通建设股份有限公司	中国
7	CDXZ-C	成都市新筑路桥机械股份有限公司	中国
8	CRCC-C	中国铁建股份有限公司	中国
9	CREN-C	中铁工程装备集团有限公司	中国
10	CRRC-C	中国中车股份有限公司	中国
11	CRTC-C	中国铁道科学研究院集团有限公司	中国
12	DAIM-C	戴姆勒－克莱斯勒股份公司	德国
13	DYCK-C	迪克霍夫－威德曼股份有限公司	德国
14	EADS-C	空中客车防务和空间有限责任公司	德国
15	EJRC-C	东日本铁道株式会社	日本
16	ELTH-C	施密特铝热剂集团公司	德国
17	FELT-C	费尔腾和古伊勒奥梅股份公司	德国
18	GENE-C	通用电气公司	美国
19	GESJ-C	通用铁路信号公司	美国
20	HAIT-C	哈尔滨工业大学	中国
21	HITA-C	日立公司	日本
22	JAPN-C	公益财团法人铁道总合技术研究所	日本
23	KAWJ-C	川崎重工公司	日本
24	KOKZ-C	日立国际电气公司	日本
25	KRRI-C	韩国铁道科学研究院	韩国
26	LICN-C	利森蒂亚集团公司	英国
27	MATU-C	松下电器产业株式会社	日本
28	MESR-C	梅塞施米特－波尔考－布罗公司	德国
29	NIAS-C	霓佳斯株式会社	日本

序号	专利权人代码	名称	所属国家
30	NOKC-C	安凯特电缆集团公司	德国
31	ONOD-C	小野田工业株式会社	日本
32	PLAF-C	普拉赛－弗朗茨公司	奥地利
33	SIEI-C	西门子公司	德国
34	SUNO-C	圣德科株式会社	日本
35	TELE-C	德律风根无线电器材公司	德国
36	THYS-C	西森克虏伯磁悬浮公司	德国
37	UYSJ-C	西南交通大学	中国
38	UYZH-C	浙江大学	中国
39	VROL-C	冯－罗尔集团股份有限公司	瑞士
40	WESA-C	西屋制动与信号公司	美国

附录三 "一带一路"沿线国家代码对照表

序号	国家名	国家英文名	国家代码
1	阿尔巴尼亚	Albania	AL
2	阿塞拜疆	Republic of Azerbaijan	AZ
3	爱沙尼亚	Estonia	EE
4	白俄罗斯	The Republic of Belarus	BY
5	保加利亚	Bulgaria	BG
6	波黑	Bosnia and Herzegovina	BA
7	波兰	Poland	PL
8	格鲁吉亚	Georgia	GE
9	哈萨克斯坦	Kazakhstan	KZ
10	黑山	Republic of Montenegro	ME
11	捷克	Czech Republic	CZ
12	克罗地亚	Croatia	HR
13	拉脱维亚	Latvia	LV
14	立陶宛	Republic of Lithuania	LT
15	罗马尼亚	Romania	RO
16	马其顿	Macedonia	MK
17	摩尔多瓦	Moldova	MD
18	塞尔维亚	Serbia	RS
19	斯洛伐克	Slovak	SK
20	斯洛文尼亚	Republic of Slovenia	SI
21	乌克兰	Ukraine	UA
22	匈牙利	Hungary	HU
23	亚美尼亚	Armenia	AM
24	中国	China	CN
25	阿富汗	Afghanistan	AF
26	阿拉伯联合酋长国	UAE United Arab Emirates	AE
27	阿曼	Oman	OM
28	埃及	Egypt	EG
29	巴勒斯坦	Palestine	BL
30	巴林	Bahrain	BH

序号	国家名	国家英文名	国家代码
31	吉尔吉斯斯坦	Kyrgyzstan/Kyrgyz	KG
32	卡塔尔	Qatar	QA
33	科威特	Kuwait	KW
34	黎巴嫩	Lebanon	LB
35	沙特阿拉伯	Saudi Arabia	SA
36	塔吉克斯坦	Tajikistan	TJ
37	土耳其	Turkey	TR
38	土库曼斯坦	Turkmenistan	TM
39	乌兹别克斯坦	Uzbekistan	UZ
40	叙利亚	Syria	SY
41	也门	Yemen	YE
42	伊拉克	Iraq	IQ
43	伊朗	Iran	IR
44	以色列	Israel	IL
45	约旦	Jordan	JO
46	东帝汶	Democratic Republic of Timor-Leste	TP
47	菲律宾	Philippines	PH
48	柬埔寨	Cambodia Kingdom of Cambodia	KH
49	老挝	Laos	LA
50	马来西亚	Malaysia	MY
51	泰国	Thailand	TH
52	文莱	Brunei	BN
53	新加坡	Singapore	SG
54	印度尼西亚	Indonesia	ID
55	越南	Vietnam	VN
56	不丹	The Kingdom of Bhutan	BT
57	马尔代夫	The Republic of Maldives	MV
58	孟加拉国	Bangladesh	BD
59	缅甸	Myanmar	MM
60	尼泊尔	Nepal	NP
61	斯里兰卡	Sri Lanka	LK
62	印度	India	IN
63	巴基斯坦	Pakistan	PK
64	俄罗斯	Russia	RU
65	蒙古国	Mongolia	MN

参考文献

[1] Abe H, Ashiki T, Suzuki A, Jinno F and Sakuma H, "Integrating Business Modeling and Roadmapping Methods – The Innovation Support Technology (IST) Approach", *Technological Forecasting and Social Change*, Vol. 76, No. 1, 2009, pp. 80 – 90.

[2] Allred B B and Park W G, "Patent Rights and Innovative Activity: Evidence from National and Firm-level Data", *Journal of International Business Studies*, Vol. 38, No. 6, 2007, pp. 878 – 900.

[3] Amer M and Daim T U, "Application of Technology Roadmaps for Renewable Energy Sector", *Technological Forecasting and Social Change*, Vol. 77, No. 8, 2010, pp. 1355 – 1370.

[4] Archontakis F and Varsakelis N C, "Patenting Abroad: Evidence from OECD Countries", *Technological Forecasting and Social Change*, Vol. 116, 2017, pp. 62 – 69.

[5] Banerjee P, Gupta B M and Garg K C, "Patent Statistics as Indicators of Competition an Analysis of Patenting in Biotechnology", *Scientometrics*, Vol. 47, No. 1, 2000, pp. 95 – 116.

[6] Chen C, "CiteSpace II: Detecting and Visualizing Emerging Trends and Transient Patterns in Scientific Literature", *Journal of the American Society for Information Science and Technology*, Vol. 57, No. 3, 2006, pp. 359 – 377.

[7] Chen C, "Searching for Intellectual Turning Points: Progressive Knowledge Domain Visualization", *Proceedings of the National Academy of Science of the United States of America*, Vol. 101, Suppl. 1, 2004, pp. 5303 – 5310.

[8] Chen C, Ibekwe-Sanjuan F and Hou J, "The Structure and Dynamics of Cocitation Clusters: A Multiple-perspective Cocitation Analysis", *Journal of*

the American Society for Information Science and Technology, Vol. 61, No. 7, 2010, pp. 1386 – 1409.

[9] Cheng M N, Wong J, Cheung C F and Leung K H, "A Scenario-based Roadmapping Method for Strategic Planning and Forecasting: A Case Study in a Testing, Inspection and Certification Company", *Technological Forecasting and Social Change*, Vol. 111, 2016, pp. 44 – 62.

[10] Cho Y, Yoon S P and Kim K S, "An Industrial Technology Roadmap for Supporting Public R&D Planning", *Technological Forecasting and Social Change*, Vol. 107, 2016, pp. 1 – 12.

[11] Cowan K R, "A New Roadmapping Technique for Creatively Managing the Emerging Smart Grid", *Creativity and Innovation Management*, Vol. 22, No. 1, 2013, pp. 67 – 83.

[12] Cuhls K, de Vries M, Li H L and Li L, "Roadmapping: Comparing Cases in China and Germany", *Technological Forecasting and Social Change*, Vol. 101, 2015, pp. 238 – 250.

[13] Fenwick D, Daim T U and Gerdsri N, "Value Driven Technology Road Mapping (VTRM) Process Integrating Decision Making and Marketing Tools: Case of Internet Security Technologies", *Technological Forecasting and Social Change*, Vol. 76, No. 8, 2009, pp. 1055 – 1077.

[14] Frietsch R and Schmoch U, "Transnational Patents and International Markets", *Scientometrics*, Vol. 82, No. 1, 2010, pp. 185 – 200.

[15] Frietsch R, Neuhäusler P, Jung T and Van Looy B, "Patent Indicators for Macroeconomic Growth—the Value of Patents Estimated by Export Volume", *Technovation*, Vol. 34, No. 9, 2014, pp. 546 – 558.

[16] Galvin R, "Science Roadmaps", *Science*, Vol. 280, No. 5365, 1998, p. 803.

[17] Gershman M, Bredikhin S and Vishnevskiy K, "The Role of Corporate Foresight and Technology Roadmapping in Companies' Innovation Development: The Case of Russian State-owned Enterprises", *Technological Forecasting and Social Change*, Vol. 110, 2016, pp. 187 – 195.

[18] Geum Y, Lee H, Lee Y and Park Y, "Development of Data-driven Technology Roadmap Considering Dependency: An ARM-based Technology

Roadmapping", *Technological Forecasting and Social Change*, Vol. 91, 2015, pp. 264 – 279.

[19] Grobbelaar S, Gauche P and Brent A, "Developing a Competitive Concentrating Solar Power Industry in South Africa: Current Gaps and Recommended Next Steps", *Development Southern Africa*, Vol. 31, No. 3, 2014, pp. 475 – 493.

[20] Hansen C, Daim T, Ernst H and Herstatt C, "The Future of Rail Automation: A Scenario-based Technology Roadmap for the Rail Automation Market", *Technological Forecasting and Social Change*, Vol. 110, 2016, pp. 196 – 212.

[21] Holmes C and Ferrill M, "The Application of Operation and Technology Roadmapping to Aid Singaporean SMEs Identify and Select Emerging Technologies", *Technological Forecasting and Social Change*, Vol. 72, No. 3, 2005, pp. 349 – 357.

[22] Hooshangi S, Arasti M R, Hounshell D A and Sahebzamani S, "Evolutionary Learning Methodology: A Case Study of R&D Strategy Development", *Technological Forecasting and Social Change*, Vol. 80, No. 5, 2013, pp. 956 – 976.

[23] Hu A G, "Propensity to Patent, Competition and China's Foreign Patenting Surge", *Research Policy*, Vol. 39, No. 7, 2010, pp. 985 – 993.

[24] Hung S and Wang A, "Examining the Small World Phenomenon in the Patent Citation Network: A Case Study of the Radio Frequency Identification (RFID) network", *Scientometrics*, Vol. 82, No. 1, 2010, pp. 121 – 134.

[25] Ivus O, "Does Stronger Patent Protection Increase Export Variety Evidence from US Product-level Data", *Journal of International Business Studies*, Vol. 46, No. 6, 2015, pp. 724 – 731.

[26] Jeon J, Lee H and Park Y, "Implementing Technology Roadmapping with Supplier Selection for Semiconductor Manufacturing Companies", *Technology Analysis & Strategic Management*, Vol. 23, No. 8, 2011, pp. 899 – 918.

[27] Jeong Y and Yoon B, "Development of Patent Roadmap Based on Technology Roadmap by Analyzing Patterns of Patent Development", *Technovation*, Vol. 39 – 40, 2015, pp. 37 – 52.

[28] Jeong Y, Lee K, Yoon B and Phaal R, "Development of a Patent Roadmap Through the Generative Topographic Mapping and Bass Diffusion Model", *Journal of Engineering and Technology Management*, Vol. 38, 2015, pp. 53 – 70.

[29] Jin G, Jeong Y and Yoon B, "Technology-driven Roadmaps for Identifying New Product/market Opportunities: Use of Text Mining and Quality Function Deployment", *Advanced Engineering Informatics*, Vol. 29, No. 1, 2015, pp. 126 – 138.

[30] Jun S P, Seo J H and Son J K, "A Study of the SME Technology Roadmapping Program to Strengthen the R&D Planning Capability of Korean SMEs", *Technological Forecasting and Social Change*, Vol. 80, No. 5, 2013, pp. 1002 – 1014.

[31] Kim J, Park Y and Lee Y, "A Visual Scanning of Potential Disruptive Signals for Technology Roadmapping: Investigating Keyword Cluster, Intensity, and Relationship in Futuristic Data", *Technology Analysis & Strategic Management*, Vol. 28, No. 10, 2016, pp. 1225 – 1246.

[32] Kostoff R N and Schaller R R, "Science and Technology Roadmaps", *IEEE Transactions on Engineering Management*, Vol. 48, No. 2, 2001, pp. 132 – 143.

[33] Kostoff R N, "Systematic Acceleration of Radical Discovery and Innovation in Science and Technology", *Technological Forecasting and Social Change*, Vol. 73, No. 8, 2006, pp. 923 – 936.

[34] Kostoff R N, Boylan R and Simons G R, "Disruptive Technology Roadmaps", *Technological Forecasting and Social Change*, Vol. 71, No. 1 – 2, 2004, pp. 141 – 159.

[35] Lee S and Park Y, "Customization of Technology Roadmaps According to Roadmapping Purposes: Overall Process and Detailed Modules", *Technological Forecasting and Social Change*, Vol. 72, No. 5, 2005, pp. 567 – 583.

[36] Lee S, Kang S, Park Y and Park Y, "Technology Roadmapping for R&D Planning: The Case of the Korean Parts and Materials Industry", *Technovation*, Vol. 27, No. 8, 2007, pp. 433 – 445.

[37] Lee S, Yoon B, Lee C and Park J, "Business Planning Based on Technological Capabilities: Patent Analysis for Technology-driven Roadmapping", *Technological Forecasting and Social Change*, Vol. 76, No. 6, 2009, pp. 769 – 786.

[38] Leydesdorff L and Bornmann L, "Mapping (USPTO) Patent Data Using Overlays to Google Maps", *Journal of the American Society for Information Science and Technology*, Vol. 63, No. 7, 2012, pp. 1442 – 1458.

[39] Liao P, Zhang K, Wang T and Wang Y, "Integrating Bibliometrics and Roadmapping: A Case of Strategic Promotion for the Ground Source Heat Pump in China", *Renewable and Sustainable Energy Reviews*, Vol. 57, 2016, pp. 292 – 301.

[40] Lichtenthaler U, "Technology Exploitation in the Context of Open Innovation: Finding the Right 'Job' for Your Technology", *Technovation*, Vol. 30, No. 7 – 8, 2010, pp. 429 – 435.

[41] Lizin S, Leroy J, Delvenne C, Dijk M, De Schepper E and Van Passel S, "A Patent Landscape Analysis for Organic Photovoltaic solar Cells: Identifying the Technology's Development Phase", *Renewable Energy*, Vol. 57, 2013, pp. 5 – 11.

[42] Munari F and Toschi L, "Running Ahead in the Nanotechnology Gold Rush. Strategic Patenting in Emerging Technologies", *Technological Forecasting and Social Change*, Vol. 83, 2014, pp. 194 – 207.

[43] Pagani M, "Roadmapping 3G Mobile TV: Strategic Thinking and Scenario Planning Through Repeated Cross-Impact Handling", *Technological Forecasting and Social Change*, Vol. 76, No. 3, 2009, pp. 382 – 395.

[44] Paliokaite A, Martinaitis Z and Sarpong D, "Implementing Smart Specialisation Roadmaps in Lithuania: Lost in translation?" *Technological Forecasting and Social Change*, Vol. 110, 2016, pp. 143 – 152.

[45] Park S, Kim J, Lee H, Jang D and Jun S, "Methodology of Technological Evolution for Three-dimensional Printing", *Industrial Management & Data Systems*, Vol. 116, No. 1, 2016, pp. 122 – 146.

[46] Phaal R and Muller G, "An Architectural Framework for Roadmapping: Towards Visual Strategy", *Technological Forecasting and Social Change*, Vol. 76, No. 1, 2009, pp. 39 – 49.

［47］ Phaal R, Farrukh C and Probert D R, "Technology Roadmapping – A Planning Framework for Evolution and Revolution", *Technological Forecasting and Social Change*, Vol. 71, No. 1 – 2, 2004, pp. 5 – 26.

［48］ Porter M E, Competitive Strategy: Techniques for Analyzing Industries and Competitors, New York: Free Press, 1980, pp. 157 – 162.

［49］ Probert D, Radnor M, "Frontier Experiences from Industry-Academia Consortia", *Research Technology Management*. Vol. 46, No. 2, 2003, p. 27.

［50］ Rinne M, "Technology Roadmaps: Infrastructure for Innovation", *Technological Forecasting and Social Change*, Vol. 71, No. 1 – 2, 2004, pp. 67 – 80.

［51］ Salvador M R and López-Martínez R E, "Cognitive Structure of Research: Scientometric Mapping in Sintered Materials", *Research Evaluation*, Vol. 9, No. 3, 2000, pp. 189 – 200.

［52］ Saritas O and Burmaoglu S, "Future of Sustainable Military Operations under Emerging Energy and Security Considerations", *Technological Forecasting and Social Change*, Vol. 102, 2016, pp. 331 – 343.

［53］ Shibata N, Kajikawa Y and Sakata I, "Extracting the Commercialization Gap Between Science and Technology – Case Study of a Solar Cell", *Technological Forecasting and Social Change*, Vol. 77, No. 7, 2010, pp. 1147 – 1155.

［54］ Siebelink R, Halman J and Hofman E, "Scenario-Driven Roadmapping to Cope With Uncertainty: Its Application in the Construction Industry", *Technological Forecasting and Social Change*, Vol. 110, 2016, pp. 226 – 238.

［55］ Suh J H and Park S C, "Service-oriented Technology Roadmap (SoTRM) Using Patent map for R&D Strategy of Service Industry", *Expert Systems with Applications*, Vol. 36, No. 3, 2009, pp. 6754 – 6772.

［56］ Tuominen A and Ahlqvist T, "Is the Transport System Becoming Ubiquitous? Socio-technical Roadmapping as a Tool for Integrating the Development of Transport Policies and Intelligent Transport Systems and Services in Finland", *Technological Forecasting and Social Change*, Vol. 77, No. 1, 2010, pp. 120 – 134.

[57] Vishnevskiy K, Karasev O and Meissner D, "Integrated Roadmaps for Strategic Management and Planning", *Technological Forecasting and Social Change*, Vol. 110, 2016, pp. 153 – 166.

[58] Walsh S T, "Roadmapping a Disruptive Technology: A Case Study – The Emerging Microsystems and Top-down Nanosystems Industry", *Technological Forecasting and Social Change*, Vol. 71, No. 1 – 2, 2004, pp. 161 – 185.

[59] Walsh S T, Boylan R L, Mcdermott C and Paulson A, "The Semiconductor Silicon Industry Roadmap: Epochs Driven by the Dynamics Between Disruptive Technologies and Core Competencies", *Technological Forecasting and Social Change*, Vol. 72, No. 2, 2005, pp. 213 – 236.

[60] Willyard C H and Mcclees C W, "Motorola's Technology Roadmap Process", *Research Management*, Vol. 30, No. 5, 1987, pp. 13 – 19.

[61] Xiang Yu and Ben Zhang, "Obtaining Avantages from Technology Revolution: A Patent Roadmap for Competition Analysis and Stratergy Planning", *Technological Forecasting & Social Change* (November 2017), http: //dx. doi. org/10. 1016/j. techfore. 2017. 10. 008.

[62] Yasunaga Y, Watanabe M and Korenaga M, "Application of Technology Roadmaps to Governmental Innovation Policy for Promoting Technology Convergence", *Technological Forecasting and Social Change*, Vol. 76, No. 1, 2009, pp. 61 – 79.

[63] Yoon J and Kim K, "An Analysis of Property-function Based Patent Networks for Strategic R&D Planning in Fast-moving Industries: The Case of Silicon-based Thin Film Solar Cells", *Expert Systems with Applications*, Vol. 39, No. 9, 2012, pp. 7709 – 7717.

[64] Yoon J and Kim K, "Identifying Rapidly Evolving Technological Trends for R&D Planning Using SAO-Based Semantic Patent Networks", *Scientometrics*, Vol. 88, No. 1, 2011, pp. 213 – 228.

[65] Yoon J, Park H and Kim K, "Identifying Technological Competition Trends for R&D Planning Using Dynamic Patent Maps: SAO-based Content Analysis", *Scientometrics*, Vol. 94, No. 1, 2013, pp. 313 – 331.

[66] Yu X, Hu H, Chen X, Hu Y and Wang Y, "Technology Road Mapping for Innovation Pathways of Fibrates: A Cross-Database Patent Review", *Tropical*

Journal of Pharmaceutical Research，Vol. 14，No. 8，2015，pp. 1459 – 1467.

[67] Zhang F and Zhang X，"Patent Activity Analysis of Vibration-Reduction Control Technology in High-Speed Railway Vehicle Systems In China"，*Scientometrics*，Vol. 100，No. 3，2014，pp. 723 – 740.

[68] Zhang Y，Guo Y，Wang X F，Zhu D H and Porter A L，"A Hybrid Visualisation Model for Technology Roadmapping：Bibliometrics，Qualitative Methodology and Empirical Study"，*Technology Analysis & Strategic Management*，Vol. 25，No. 6，2013，pp. 707 – 724.

[69] 〔美〕德鲁克：《变革中的管理 社会生态学视角话管理》，张旭东译，华夏出版社 2011 年版。

[70] 〔美〕迈克尔·格里夫斯：《产品生命周期管理》，褚学宁译，中国财政经济出版社 2007 年版。

[71] 〔美〕伊查克·爱迪思：《企业生命周期》，赵睿译，华夏出版社 2004 年版。

[72] 〔美〕约瑟夫·熊彼特：《经济发展理论》，郭武军、吕阳译，华夏出版社 2015 年版。

[73] 〔瑞典〕伯特尔·俄林编著《区际贸易与国际贸易》，逯字译，华夏出版社 2008 年版。

[74] 〔以〕赫尔普曼、〔美〕克鲁格曼：《市场结构和对外贸易》，尹翔硕、尹翔康译，上海人民出版社 2009 年版。

[75] 〔英〕大卫·李嘉图：《政治经济学及赋税原理》，郭大力、王亚南译，北京联合出版公司 2013 年版。

[76] 〔英〕克里斯·弗里曼、罗克·苏特：《工业创新经济学》，华宏勋、华宏慈等译，北京大学出版社 2004 年版。

[77] 〔英〕亚当·斯密：《国富论》，张兴、田要武、龚双红编译，北京出版社 2007 年版。

[78] 蔡萍、张涛、陈海琦：《我国高铁通信技术专利分析与发展趋势》，《中国发明与专利》2011 年第 8 期。

[79] 曹朋冲：《基于技术路线图的我国再生铝行业关键技术的研究》，重庆大学 2011 年硕士学位论文。

[80] 曾路、汤勇力、李从东：《产业技术路线图探索战略性新兴产业培育路

径》，科学出版社 2014 年版。

[81] 陈雨薇：《中国高铁的政府主导集成创新模式研究》，哈尔滨工业大学 2014 年硕士学位论文。

[82] 党倩娜：《专利分析方法和主要指标》，2005 年，http：//www. istis. sh. cn/list/list. aspx？id = 2402，2018 年 1 月 21 日访问。

[83] 党晓捷：《我国高铁技术专利预警分析》，北京理工大学 2016 年硕士学位论文。

[84] 刁磊：《清洁能源产业的技术路线图研究》，大连理工大学 2010 年硕士学位论文。

[85] 董丽、彭茂祥、万振中、李文超、陈湖北：《高速列车牵引技术全球专利布局综合分析》，《中国发明与专利》2015 年第 2 期。

[86] 冯灵、袁晓东：《我国高铁制动领域专利分散实证研究》，《情报杂志》2014 年第 12 期。

[87] 冯宇：《珠三角地区工业机器人产业现状分析与技术路线图设计》，哈尔滨工业大学 2010 年硕士学位论文。

[88] 傅瑶、孙玉涛、刘凤朝：《美国主要技术领域发展轨迹及生命周期研究——基于 S 曲线的分析》，《科学学研究》2013 年第 2 期。

[89] 高运胜、尚宇红：《中国高铁产业投资中东欧国家竞争力分析——基于修正钻石模型的视角》，《广东社会科学》2017 年第 1 期。

[90] 葛雄灿、吴次芳：《S 形增长模型之比较、组合预测及应用》，《生物数学学报》2000 年第 3 期。

[91] 郭乃正、程庆辉：《高速铁路技术创新的产学研合作风险分析》，《科技进步与对策》2010 年第 19 期。

[92] 郭宇、王晰巍、贺伟、杨梦晴：《基于文献计量和知识图谱可视化方法的国内外低碳技术发展动态研究》，《情报科学》2015 年第 4 期。

[93] 国家铁路局：《中国高速铁路》，2018 年，http：//www. nra. gov. cn/ztzl/hyjc/gstl_ /，2018 年 1 月 6 日访问。

[94] 《盘点中国海外高铁项目》，2016 年 8 月 23 日，和讯网：http：//opinion. hexun. com/2016 - 08 - 23/185647771. html，2017 年 11 月 24 日访问。

[95] 胡海晨、林汉川、陈廉：《中国高铁国际化发展的影响因素与对策》，《企业经济》2017 年第 9 期。

［96］ 黄鲁成、高姗、吴菲菲、苗红：《基于专利数据的全球高速铁路技术竞争态势分析》，《情报杂志》2014 年第 12 期。

［97］ 黄玉清：《我国高速列车牵引变流器技术专利分析与发展建议》，《中国发明与专利》2011 年第 8 期。

［98］ 金磊：《企业技术路线图制定的方法研究与应用》，华中科技大学 2013 年硕士学位论文。

［99］ 经济合作与发展组织编《生命周期管理和贸易》，孙启宏等译，中国环境科学出版社 1996 年版。

［100］《HistCite 软件的一些知识》，2011 年 11 月 10 日，科学网：http：//blog. sciencenet. cn/home. php？do = blog&id = 506489&mod = space&uid = 635998，2018 年 1 月 5 日访问。

［101］ 李慧：《基于主成分分析的企业绩效综合评价——以制造业上市公司为例》，《工业技术经济》2011 年第 9 期。

［102］ 李剑敏：《基于产业技术路线图的产业关键技术识别及其创新模式研究》，暨南大学 2015 年博士学位论文。

［103］ 李文超、彭茂祥、董丽、林霖、刘海燕：《高速动车技术全球专利发展态势研究》，《中国发明与专利》2015 年第 1 期。

［104］ 李兴华：《攀枝花钒钛磁铁矿综合利用技术路线图研究》，昆明理工大学 2011 年博士学位论文。

［105］ 李昱晓、黄玉烨：《中国高铁驶出国门的专利战略研究》，《科技管理研究》2015 年第 22 期。

［106］ 梁海明：《一本书读懂"一带一路"》，西南财经大学出版社 2018 年版。

［107］ 林海明、杜子芳：《主成分分析综合评价应该注意的问题》，《统计研究》2013 年第 30 期。

［108］ 林莉、董美霞、葛继平：《中国轨道交通装备制造业发展战略研究》，经济科学出版社 2014 年版。

［109］ 刘传林：《技术路线图制定流程及其控制机制研究》，中国科学技术大学 2010 年硕士学位论文。

［110］ 刘江：《技术路线图导向的知识网络协同建立方法及系统》，浙江大学 2010 年硕士学位论文。

［111］ 刘晓亮：《中国高铁东南亚市场营销策略研究》，北京交通大学 2014

年硕士学位论文。

[112] 刘云、桂秉修、王晓刚、谢凯：《中国高速铁路实施"走出去"战略的专利策略》，《科研管理》2017 年第 S1 期。

[113] 刘战鹏：《中国高铁开拓国际市场的战略研究》，黑龙江大学 2015 年硕士学位论文。

[114] 柳玲：《中国高速转向架技术专利分析》，载《2012 年中华全国专利代理人协会年会第三届知识产权论坛论文选编（第二部分）》，2011 年 6 月。

[115] 卢琪：《促进中国高铁产业"走出去"的策略研究——基于"一带一路"战略的视角分析》，安徽大学 2016 年硕士学位论文。

[116] 罗习秋：《中国高速铁路轨道板技术专利分析与发展建议》，《中国发明与专利》2011 年第 8 期。

[117] 罗先盛、吴永杰：《国外轨道交通齿轮箱专利信息分析》，《情报探索》2017 年第 11 期。

[118] 罗远：《高速铁路建设项目质量管理绩效评价体系研究》，北京交通大学 2016 年硕士学位论文。

[119] 吕铁、黄阳华、贺俊：《高铁"走出去"战略与政策调整》，《中国发展观察》2017 年第 8 期。

[120]〔美〕迈克尔·波特：《竞争战略》，乔晓东等译，中国财政经济出版社 1989 年版。

[121]〔美〕迈克尔·波特：《竞争优势》，陈小悦译，华夏出版社 2005 年版。

[122]〔美〕迈克尔·波特：《国家竞争优势》，李明轩、邱如美译，华夏出版社 2002 年版。

[123] 孟海华：《产业技术路线图研究》，中国科学技术大学 2009 年博士学位论文。

[124] 缪炯：《基于主成分分析和聚类分析的江苏省各城市经济发展水平评价》，《经济研究导刊》2017 年第 8 期。

[125] 卿三惠、李雪梅、卿光辉：《中国高速铁路的发展与技术创新》，《高速铁路技术》2014 年第 1 期。

[126] 阮文、谢岗：《高速铁路交通管理领域中国专利申请分析》，《中国发明与专利》2011 年第 8 期。

［127］沈志云：《论我国高速铁路技术创新发展的优势》，《科学通报》2012年第8期。

［128］宋叙言、沈江：《基于主成分分析和集对分析的生态工业园区生态绩效评价研究——以山东省生态工业园区为例》，《资源科学》2015年第3期。

［129］《美国：未来三十年新兴科技趋势报告 ｜ 看看与轨道交通相关的有哪些？》，2018年1月4日，搜狐网：http：//www.sohu.com/a/214670565_682294，2018年1月26日访问。

［130］孙慧、刘媛媛、张娜娜：《基于主成分分析的煤炭产业竞争力实证研究》，《资源与产业》2012年第1期。

［131］孙嘉言、余金城、邓小鹏：《国际高铁企业生态位测度与分析》，《决策探索（中）》2017年第9期。

［132］唐学东：《中国高铁"走出去"之专利战略展望》，《北京交通大学学报》（社会科学版）2016年第1期。

［133］王宇、帅斌、李季涛：《基于生长曲线的中国铁路网生命周期判定》，《交通运输系统工程与信息》2015年第1期。

［134］吴其苗、杨义群：《论Richards增长曲线》，《生物数学学报》2000年第4期。

［135］谢凯：《基于专利分析的我国高铁出口风险预警研究》，华中科技大学2016年硕士学位论文。

［136］《史上最全高铁产业链全景图》，2017年7月14日，新材料在线网：http：//www.xincailiao.com/news/news_detail.aspx？id=3789，2017年8月16日访问。

［137］熊勇清、刘霞：《新兴产业进入国际市场的决策分析模型及其应用》，《软科学》2016年第5期。

［138］徐飞：《中国高铁"走出去"的十大挑战与战略对策》，《人民论坛·学术前沿》2016年第14期。

［139］闫晓苏、李凤新：《我国高速铁路的技术创新之路——基于专利数据的统计分析》，《科学观察》2013年第5期。

［140］杨姝、曹之晨：《国内外高铁车体领域专利布局对比分析》，《中国发明与专利》2017年第9期。

［141］杨义群、吴良欢、张火法：《Gompertz曲线与logistic增长曲线之比

较》，《生物数学学报》1993 年第 3 期。

[142] 杨永强、宋长辉：《广东省增材制造（3D 打印）产业技术路线图》，华南理工大学出版社 2017 年版。

[143] 姚远达、郎志涛、孙晶晶：《高速铁路列车定位技术专利分析》，《中国发明与专利》2011 年第 8 期。

[144] 一带一路国际合作高峰论坛：《"一带一路"国际合作高峰论坛成果清单》（全文），2017 年 5 月 16 日，http：//www. beltandroadforum. org/n100/2017/0516/c24 – 422. html，2018 年 1 月 7 日访问。

[145] 殷明旻、刘桢和：《高速铁路轨道结构》，载《中国铁道学会铁道工程分会线路委员会 2000 年学术研讨会论文集》，2000 年版，第 95—100 页。

[146] 于燮康：《从中国高铁谈科技成果产业化进程》，《电子工业专用设备》2010 年第 8 期。

[147] 张冰华、李全晓、张旭波：《我国高速铁路隧道技术专利分析》，《中国发明与专利》2011 年第 8 期。

[148] 张帆、张娴：《高速车辆系统减振控制技术创新活动分析与对策研究》，《科技管理研究》2012 年第 21 期。

[149] 张国安、苏坚、崔忠东：《高速铁路工程项目技术创新效益机制研究》，《科技进步与对策》2010 年第 19 期。

[150] 张海波：《我国新能源汽车产业技术路线图研究》，武汉理工大学 2012 年硕士学位论文。

[151] 张丽玮、邵世才、魏海燕、朱东华、汪雪锋：《OECD 专利分析指标》，《情报科学》2009 年第 1 期。

[152] 张炎生：《基于 GMITK 模型的产业技术路线图方法研究》，华南理工大学 2011 年硕士学位论文。

[153] 张岩子：《高速移动下的终端切换技术专利分析》，《中国新通信》2015 年第 16 期。

[154] 张颖：《湖北大重型数控机床产业技术路线图研究》，华中科技大学 2010 年博士学位论文。

[155] 张镇森、王孟钧、陆洋：《面向铁路工程项目的技术创新模式与运行管理机制研究》，《管理现代化》2013 年第 2 期。

[156] 赵博：《基于技术路线图的我国制造业低碳突破性创新战略规划研

究》，哈尔滨理工大学 2016 年博士学位论文。

［157］赵建军、郝栋、吴保来、卢艳玲：《中国高速铁路的创新机制及启示》，《工程研究－跨学科视野中的工程》2012 年第 1 期。

［158］赵莉晓：《基于专利分析的 RFID 技术预测和专利战略研究——从技术生命周期角度》，《科学学与科学技术管理》2012 年第 11 期。

［159］《中国工程院副院长何华武：中国铁路"走出去"正当其时》，2018年 12 月 14 日，中国科技网：http：//www.stdaily.com/cxzg80/guonei/2018－12/14/content_ 739255.shtml，2018 年 12 月 22 日访问。

［160］《中国国民经济和社会发展第十三个五年规划纲要》（全文），2016 年3 月 17 日，中国网：http：//www.china.com.cn/lianghui/news/2016－03/17/content_ 38053101.htm，2017 年 3 月 29 日访问。

［161］《发展改革委印发〈中长期铁路网规划〉》，2016 年 7 月 20 日，中国政府网：http：//www.gov.cn/xinwen/2016－07/20/content_ 5093165.htm，2017 年 11 月 21 日访问。

［162］钟华、邓辉：《基于技术生命周期的专利组合判别研究》，《图书情报工作》2012 年第 18 期。

［163］周曼、王秀红：《基于技术生命周期理论的植物防霜专利技术分析》，《图书情报研究》2017 年第 3 期。

［164］朱星华、蒋玉涛：《产业技术路线图的广东实践及对政府科技计划管理的建议》，《中国科技论坛》2008 年第 6 期。

索　引

C

CiteSpace 软件　10，26，29，38，115，
116，125，171

产业政策　7，66，70，71，168，169，
175

创新理论　4，11～13，46

D

德温特　10，71，76，106，108，110～
112，117，125，171，182

德温特专利分类号　111，112

F

发明人　9，77，87，88，96，98，100，
101，104

发展规划　2，8，61，65，67，85，128，
173，174

法律状态　10，53，88，89，98，104

G

高速铁路　1～3，8～12，29，34，36，
38，51～55，57，75，79～83，85，87～
90，92，93，98～101，103，104，110，
115，116，121，122，124，128，129，
131～133，135，137，139，144，147，
148，150，151，153，166，170～172，
174，175

高铁产业　1～4，8～15，29～32，34，36～
38，43，51，52，54，55，57～59，71，
72，103，104，124，147，150～153，
162，165，166，168，170，172～174，
176

高铁产业链　2，3，54，104

高铁市场潜力　13，172

构建流程　9，10，61，71，73，175，176

轨道技术　3，8～10，12，13，68，75，
79～83，85，87～90，92，93，96，98，
100，101，103～105，110，116～118，
121，122，124，128，129，131～133，
135，137，139～144，147～149，151，
154，164，170～175，177

轨道交通装备　1，3

国际铁路联盟　2

H

核心技术　3，78，82，92，173

I

IPC 分类　77，82，83，85，88，92，93，95，96，135，177～179

J

技术类别　9，62，81，83，85，87，88，92～96，100，101，104，108，121，122，124

技术路线图　6，7，9，11，14～20，23～26，29，43～51，53，56，57，60～63，65，66，73，74，124

精炼检索　15，29，110～112

竞争优势理论　4，5，11～13

聚类分析　10，13，26，38，50，108，112，115，153～155，157，162，165，168，172

K

可持续发展　2

L

路线图构建　7，9，44，50，57，60，63，71，72，99，100，105，108，110，121，122，143，144，164，165，175

逻辑斯蒂模型　130～133，139

M

贸易壁垒　2，168

P

平方 Euclidean 距离　155

Q

企业管理　8，175，176

S

生命周期管理　5，6，11，13，56

市场布局专利路线图　10，13，164，165，169，172

手工代码　76，108，111，112，115～117

S 型曲线　72，126～133，136，171，172

T

铁路系统　2，3，150，178～180

W

文本聚类　50，107，108，112，117，125

文献计量　14，15，17，20，23，29，31，36，117

Y

沿线国家　3，9，10，13，54，103，149～155，157，158，162～166，168，169，172～175，184

"一带一路"　1～3，9，10，13，43，54，103，149～155，157，158，162～166，168，169，171～176，184

Z

战略分析 6，13，44，45，122，124

战略规划 2，8，10，11，46，47，50，59，61，62，65，66，68，69，73，74，104，108，109，117，125，170，172，174，176

知识图谱 14，15，20，25，26，32，38，43，57

智慧芽 71，76，79，90，129，171

中长期铁路网规划 2，3

主成分分析 10，13，57，65，153，154，158，163，165，168，170，172

专利家族 10，53，88，96，98，100，101，103，104，110，125

专利竞争态势 10，106，109，110，112，117，121，122，124，125，172

专利竞争状态 12，13，105，106，108，109，112，117，121，124，171，172

专利路线图 6～15，23，45，48～51，56，57，60，62～75，99～101，103～106，108～110，117，118，122，124，125，128，143，144，147，165，166，169～172，174～176

专利申请人 9，13，83，85，93～96，100，101，103，104，129，131，139～141，143，144，148，171

专利生命周期 10，13，126，143，144，147，148，171，172

专利数据库 10，71，72，76，79，106，111，129，171

专利信息 7，10～13，48，49，51，53，54，56～60，62～64，67～70，79，80，83，93，104，107，108，110，125，127，128，147，148，171

总体专利路线图 10，12，75，99，100，103，104，171，172

走出去 1～3，8～11，13，15，36，43，51，53～56，58，59，68，71，103，104，124，147，149，153，164，165，170～173，176

第八批《中国社会科学博士后文库》专家推荐表1

推荐专家姓名	胡斌	电　话	—
专业技术职务	教授/博导	研究专长	信息管理
工作单位	华中科技大学管理学院	行政职务	
推荐成果名称	中国高铁轨道产业"走出去"——基于专利路线图的发展策略研究		
成果作者姓名	张奔		

　　作者张奔博士所撰写的书稿《中国高铁轨道产业"走出去"——基于专利路线图的发展策略研究》是其在博士学位论文的基础上进行大量修改所完成的。该成果立足于专利路线图的相关理论，以中国高铁产业为例系统深入地分析了该产业在"走出去"过程中所面临的机遇与风险，同时充分发挥了专利路线图这一战略工具的功能和特点展开了相应分析，为中国高铁产业如何应对"走出去"中的专利竞争挑战提出了相应的对策建议。该研究不仅丰富和完善了专利路线图的相关理论，而且相应的分析结果能够为高铁产业相关决策提供支撑，兼具理论贡献和应用价值。从书稿整体内容来看，该研究围绕党和国家的政策方针展开和深入，紧密结合国家重大战略需求并坚决维护国家安全利益。此外，该研究所选取的研究视角新颖、研究思路逻辑清晰、研究方法切实可行、资料来源真实可靠，具有原创性且无知识产权争议问题。尽管该书稿在少量文字表述上存在着可商榷之处，但总体而言瑕不掩瑜，能够达到出版水平和同等优秀成果水平，因此本人愿意推荐并建议将该书稿纳入《中国社会科学博士后文库》。

签字：胡斌

2018 年 12 月 24 日